AF672482

Gunhild Thalheim

KIDNAPPING? Nicht mit UNS!!

Gunhild Thalheim

KIDNAPPING? – NICHT MIT UNS!!

Rediroma-Verlag

Bibliografische Information der Deutschen Nationalbibliothek:
Die Deutsche Nationalbibliothek verzeichnet diese Publikation in der Deutschen Nationalbibliografie; detaillierte bibliografische Daten sind im Internet über http://portal.dnb.de abrufbar.

ISBN 978-3-96103-660-8

Umschlagillustration: Rolart-Design, Waidring/Tirol

www.rediroma-verlag.de
8,95 Euro (D)

Für meinen 'Zwilling' Julian Zotter

Für Viola und Hagen, Niklas und Julian

Für Sophie und Leonie im Vogtland

Für Christina Aberl und Leni Födermair in Waidring

KIDNAPPING? – NICHT MIT UNS!!

Schreib doch mal ´nen ALPEN-KRIMI!

Der Vorschlag kam von meinen (erwachsenen!) Kindern.

Im letzten Sommer, - 2018.

Einen KRIMI? ICH?? Aus den Alpen?

Nein, Krimis mag ich nicht! In meinen Geschichten will ich keine Leichen und so!!

Und die gehören ja wohl dazu, wenn ´s spannend werden muss. Oder etwa nicht??

Inzwischen ist sie fertig, meine Alpen-Krimi-Geschichte.

Auch ohne Leichen und so …

Spannend sei sie trotzdem, habe ich mir sagen lassen von meinen `Probe-Lesern´.

Von den jungen, aber auch von den älteren, sogar schon von richtig alten Lesern.

Ob ihr, meine Leser, - wo auch immer ihr dieses Buch in die Hand nehmen werdet, - das genauso sehen dürft??

Das würde mich mächtig freuen!!

Vielleicht habe ich dann irgendwann Lust auf noch einen zweiten `Gundi-Krimi´?

Doch zunächst wünsche ich euch ganz viel Lese-Spaß beim Alpen-Krimi Nummer Eins!

Eure sehr gespannte Gunhild Thalheim

ZUM INHALT

KAPITEL 1: DEKICA

Hunde sind schlau! Das hat die Natur so gemacht. Schlauer als Menschen. So schlau wie Füchse. Und so schlau wie Dohlen. Hunde im Haus bei Menschen müssen nur halb so schlau sein wie Hunde auf den Straßen. Menschen sorgen für sie. Geben Wasser und Futter. Geben warme Decke im Schlafkorb. Geben Streichelhände. Sprechen ruhig mit ihnen.

Straßenhunde haben nix. Suchen sich alles selber. Fressen vom Müll. Streiten ums Futter. Saufen aus Pfützen. Finden Schlafplatz im Stroh und auf Lumpen. Verstecken sich vor bösen Menschen.

Dekica ist alt und müde geworden. Eine Frau hat ihm ein Band um den Hals gelegt. Hat leise mit ihm gesprochen. Hat seine Ohren gestreichelt, dann seinen Rücken. Hat Futter vor seine Schnauze gehalten. Dekicas feine Spürnase hat gemeldet: Riecht gut, und nicht gefährlich, - Futter und Frau.

Menschen haben ihm einen Unterschlupf aus Holz gebaut. Auch für die anderen hungrigen Hunde auf dem Müllplatz. Es gab dort jeden Tag frisches Futter und sauberes Wasser.

Die Frau hat Dekica in ein Haus gebracht. Zu Fleisch, Wasser, einer weichen warmen Schlafdecke. Er schläft lange, ohne Angst, ohne Streit ums Futter. Oft kommen Menschen mit Streichelhänden. Sie freuen sich, weil Dekica ihnen mit seinem Schwanzwedeln Danke sagt.

Er wackelt immer freundlich mit dem Schwanz, schnüffelt neugierig an zärtlichen Händen, denn es geht ihm gut hier. Zum ersten Mal in seinem langen, langen Straßen-Leben.

Die Frau bringt ihn in eins von diesen gefährlichen Autos. In einem anderen Haus, wo es seltsam streng riecht, gibt es anderes Futter, nur das Wasser schmeckt gleich. Eine Frau in einem weißen Kittel streicht über seinen Rücken. Dekica zuckt kurz zusammen. „Braver, Hund! Jetzt bist du geimpft. Und das schluckst du runter gegen Würmer."

Etwas kleines Hartes wird unter der Haut hinter seinem Ohr festgemacht. „Du hast jetzt eine Nummer, Dekica", hört er, versteht es aber nicht. Wozu braucht er eine Nummer? Noch mehr zu fressen wäre ihm lieber.

Dekica schluckt gierig ein Stück weiche Wurst. Leckt über seine Schnauze. Noch ein Stück, bitte! Nein, mehr gibt es nicht. Immer noch spürt er das feste Band um seinen Hals. An einer langen Leine wird er herumgeführt zum Haufenmachen. „Braver Hund!" Die Frau klopft auf sein Hinterteil, krault seine braunen Schlappohren. „Ein hübscher Bursche bist du, Dekica." Hat er jetzt einen Namen? Der bedeutet *`altes Männlein´*. Das verrät ihm die nette Frau.

Oh ja, Dekica ist längst schon ein altes Männlein. Sehr, sehr lange ist es her, seit er ein junger Hund gewesen ist. Kann er sich noch an seine Mutter und an die drei winzigen Geschwister erinnern, wenn sie sich kräftig um die Milch aus Mamas Brustwarzen gestritten haben?

In diesem Haus sind noch andere Straßenhunde.

Er beschnuppert sie, lässt sie in Ruhe. Er will nur schlafen und fressen. Er wird wieder in ein Auto gehoben. Das riecht nicht nach Hund, aber das Polster ist weich. Lange,

lange Stunden darf Dekica schlafen. Das Auto fährt und fährt und fährt durch die Nacht. Lautes Bellen weckt ihn. Er blinzelt in die ersten Morgensonnenstrahlen.

„Da bist du ja endlich, Dekica!“ Er hört auf seinen neuen Namen. Diese Stimme klingt gut. Er wird vom Polster auf den Boden gestellt und schnüffelt in alle Richtungen. Der Geruch ist fremd, sehr fremd. „Hallo, altes Männlein! Lass dich anschauen. Komm, Sonny, sag deinem neuen Bruder auch Hallo!“ Diese Sprache klingt fremd. Versteht er sie trotzdem? Eine feuchte Schnauze stupst gegen seine.

Er spitzt die Ohren und wedelt vorsichtig, abwartend. Wo ist er hier? Alles ist ungewohnt, fremd, seltsam für ihn.

Sein altes Frauchen hockt sich zu ihm. „Hier ist jetzt dein neues Zuhause, Dekica! Und dein neues Sophie-Frauchen. Sei ein braver Hund. Ach, du wirst mir besonders fehlen.“ Sie haucht einen liebevollen Kuss auf seine Stirn, hält ihn fest an sich gedrückt ... Dann ist das Auto mit ihr fort.

„Herzlich willkommen bei uns daheim, Dekica!“ Das neue Sophie-Frauchen macht eine Leine an seinem Halsband fest. „Und du hast sicher großen Hunger, alter Junge.“ Er wird in einen Garten geführt und in ein Haus. Zögernd schnuppert er. Oh ja, er hat sehr großen Hunger. Den hat er immer. Ein Hundenapf wird vor ihn hingestellt. Hastig schlingt er die Fleischbrocken in sich hinein. „Mach langsam, Dekica! Hier nimmt dir keiner was weg. Sonny hat ihren eigenen Napf.“ Gierig leckt er die Schüssel blitzeblank. Die große Wasserschüssel schlabbert er halb leer.

„Ein hübscher Kerl bist du, Dekica! Wie alt du wohl genau bist? Wäre fein, du könntest uns erzählen von deinem Leben als Straßenhund.“ Sophie-Frauchen schaut auf ein Foto: Da liegt er vor seiner Müllplatz-Hütte. „Traurig siehst du da drauf aus. Hast dich einsam gefühlt ohne ein Frauchen oder Herrchen, stimmt ´s?“ Ihre Streichelhände und die leise Stimme mag Dekica. „Bald werden deine Augen glänzen, du feiner Hund. Morgen darfst du dir dein neues Zuhause richtig anschauen und dich an uns gewöhnen. Gute Nacht, Dekica. Träum was Schönes in deinem neuen Hundekorb. Der gehört jetzt dir ganz allein, du liebes altes Männlein.“

Dekica mag auch sein neues Frauchen und die schwarze Hündin. Aber sein Futter verteidigt er eisern gegen diese verfressene Sonny. Das Halsband und die lange Leine mag er weniger. Er will unbedingt sein Fressen selber finden, - in Nachbars Hühnerstall. Das Frauchen wird sogar böse, wenn er nebenan die frischen Frühstücksbrötchen klaut. Woher soll er wissen, dass die nicht für ihn gedacht sind?

KAPITEL 2: TOP SECRET!

„Jetzt bist du schon einen ganzen Monat bei uns, Dicki." Zärtlich krault das Frauchen ihm die langen Schlappohren. „Ob es dir wohl bei uns gefällt?" Sein hellbrauner Schwanz schlägt heftig hin und her. Dicki?? Wieso?? Hat er denn noch einen zweiten Namen? Egal, - hört er halt auf beide. Warum sollte er - als alter Streuner - wählerisch sein?
„Na, fein! Dann kommt mit ihr zwei. Gassi gehen!"
Auch beim Gassi-Gehen stört ihn diese Leine. Sein Frauchen lässt sich Zeit und wartet ab, bis beide Hunde ausgiebig an ungefähr tausend Grashalmen geschnüffelt haben. Es duftet überall wundervoll nach Hundepipis. Sie treffen Leute mit zwei Terrier-Mädchen, die ihn neugierig beschnuppern und plötzlich beginnen, ihn schrill anzukläffen. Er hält ganz still, wedelt eifrig. Sonny knurrt die beiden aufdringlichen Dinger zornig an und zerrt genervt an ihrer Leine herum. Was wollen die von ihr und dem Neuen?

„Schau, Dicki, da ist der Bach. Mitten rein mit euch ins kalte Wasser!" Sonny wird von der Leine abgemacht. Sie patscht hinein in die munteren Wellen, tunkt die Schnauze ins Wasser. Dekica rutscht vom Ufer mitten in die Strömung. Das schnelle Wasser will ihn mitreißen, doch Sophie hält seine Leine ganz fest. Prustend klettert Sonny ans Ufer, schüttelt ihr nasses Fell. Sie spitzt die Ohren, schnuppert zur anderen Bachseite hinüber, kläfft neugierig.

„Was ist los, Sonny?" Frauchen schaut zu dem alten Haus zwischen dichten Büschen und hohen Fichten hinüber.

Bis zum vorletzten Sommer lebte der alte Dietrich darin sein Einsiedlerleben. Seitdem steht es leer, und niemand scheint sich darum zu kümmern, wenn es langsam rundherum zuwächst. Geduckt zwischen viel Grün liegt es dicht neben dem schmalen, stets eilig dahinströmenden Bach.

„Bleib hier, Sonny!“ Schon saust die Hündin über das Brückchen und verschwindet laut bellend hinterm Haus. „Komm mit, Dicki!“ Sophie zerrt ihn hinter sich her. Sonny läuft unruhig hechelnd vor der Haustür auf und ab, wittert hoch zum Balkon und kläfft wild. „Was hast du denn bloß, du verrücktes Mädchen?“ Frauchen greift nach Sonnys Halsband und hakt die Leine ein. Von oben hören sie etwas.

Leises Kichern? Über dem wildwuchernden Wein auf der Balkonbrüstung taucht ganz kurz ein Kopf auf. „Halt deine blöde Klappe, blöder Hund!“

Empört ruft Frauchen nach oben: „He, was hast du da zu suchen?“ Keine Antwort. Wieder das Kichern. Sie drückt auf die Türklinke. „Wie bist du da hoch gekommen?“, will sie wissen. Der Kopf taucht wieder auf, - diesmal länger. „Wer bist du? Wohnst du jetzt hier?“ Frauchens Stimme klingt energisch.

„Quatsch!“ Das Gesicht unter der blauen Cappy verzieht sich zu einem listigen Grinsen. „Top secret! Nix verraten! Bitte!“ Ein zweites Gesicht - ohne Cappy - erscheint neben ihm. Sonny bellt hektisch und springt an der Haustür hoch.

„Still, Sonny! Sei ein braves Mädchen!“ Sophie scheint zu überlegen. „Euch kenne ich doch, ihr Zwillinge! Was wollt ihr hier?“ Zögernd kommt es von oben: „Äh … Nix!“

„Na klar. Nix! Und was sonst noch außer nix?“ Frauchen lässt nicht locker.

„Nur bisschen verstecken. Einfach mal so.“ Das Grinsen auf beiden Gesichtern wird verlegen.

„Aber … eure Eltern? Die wissen schon, dass ihr hier seid? Oder?“ Die Gesichter werden immer länger. „Upps … äh, eigentlich …“ Frauchen vermutet richtig: „Also eigentlich nein, ja?“

„Nee. Sollen sie auch gar nich. Nix petzen, bitte!“, tönt es zweistimmig und ziemlich leise.

„Ja, äh … nein!“, stöhnt sie. „Und wie lange haben die Herren vor, da oben zu bleiben. Und wie seid ihr überhaupt da raufgekommen?“ Doppel-Grinsen wird wieder breiter. „Räuberleiter. Is total easy! Hier oben isses echt cool. Is ja nur für paar Tage.“

„Uff!! Nur für … paar Tage?“, macht sie erschrocken. „Ihr habt ja Nerven! Eure Eltern suchen euch doch garantiert demnächst. Wie denkt ihr euch das eigentlich?“

„Die suchen uns hier schon mal kein bisschen“, tönt es wieder zweistimmig.

„Wieso seid ihr da so sicher?“ Frauchen tippt sich an die Stirn. „Jetzt kommt erst mal runter, ihr Kerlchen, und lasst uns in Ruhe zusammen reden.“

„Nee, denkste dir so!“ Pause. „Äh … Nur wenn du uns nicht verpfeifst“, fordern die beiden. „Du musst schwören: Top secret!“ Sie seufzt: „Okay. Wir drei halten dicht. Wir können schweigen wie Schildkröten im Panzer. Großes Frauchen-Hunde-Ehrenwort! Und jetzt abwärts, die Herrschaften, aber flott-flott!“ Zwei Rucksäcke kommen geflogen, danach rutschen zwei Jungen mit rotblonden Haaren an der Regenrinne herunter. „Du bist der Benny, richtig?“ Sie zieht ihm die Cappy von der Igelfrisur. Er nickt überrascht.

„Dann musst du der Ronny sein.“ Schon nickt Langhaar. „Wieso kennst du uns eigentlich so genau?“, will er wissen. „Na, ihr seid lustig. Euch nette Zwillinge kennt ja wohl jedes Mäuschen hier im Ort.“

Die beiden gucken verlegen. „Ach so, wegen unserem Papa, stimmt´s?“ Jetzt ist das Frauchen dran mit Nicken, während Sonny und Dekica die braungebrannten Jungenbeine in den knielangen Lederhosen beschnuppern und gestreichelt werden wollen. „Jaja, … unser lieber Papa! Unser großer, großartiger Ben-Ole P.“

Igelfrisur zieht die Mundwinkel nach oben. „Jaja … Der von allen geliebte TV-Held!“ Langhaar verdreht die Augen. „Aber mal hallo! Seid ihr undankbares Volk denn kein bisschen stolz auf einen Vater, der als einer der zurzeit beliebtesten Fernseh-Moderatoren gilt?“ Na ja, … stolz eigentlich schon, geben die Buben zu. Dann hocken sie neben Frauchen auf der Bank neben der Tür und schauen sich ratlos an. „Sollen wir …?“ Langhaar peilt zu Igelkopf.

„Und wie ihr sollt! Und jetzt raus mit der Sprache! Wie können wir euch denn weiterhelfen, wenn wir absolut keine Ahnung haben, warum ihr euch verstecken müsst.“

„Äh … also, na ja …“, druckst der Ronny kleinlaut. „Weil … wir haben null Bock nämlich“, erklärt der Benny. „Auf Afrika“, ergänzt Ronny eifrig. „Auf … ähm, … Afrika?“ Frauchen macht große Augen. „Ach so. Ich verstehe. Ihr meint, null Bock auf Papas feines Ferienhaus in Südafrika.“ Zwei Köpfe nicken eifrig.

„Das glaub ich jetzt nicht.“ Frauchen schnappt nach Luft. „Da isses voll heiß!“, seufzt Benny. „Stimmt doch, Ron?“ „Hmmm … Und im Flieger, da wird mir immer voll kotzig. Wir bleiben lieber daheim bei der Mama, weißt du.“

Frauchen macht ein ernstes Gesicht. „Aha. Ich verstehe. Und wann soll die Reise losgehen mit dem tollen Papa?“

Tiefes Seufzen. „Heute, - in der Nacht. Der Flieger geht um 1:25 Uhr."

Sie versucht ernst zu bleiben. „Oh, prima! Und ihr zwei Schlingel taucht erst dann wieder auf, wenn euer großartiger Ben-Ole-Papa in diesem Flieger drin sitzt?" Wieder eifriges Nicken. Sonny legt ihre Pfote auf Frauchens Knie und lässt sich die gespitzten Ohren kraulen. „Tja, Sonny, was machen wir jetzt mit diesen zwei coolen Ausreißern?"

„Na, gar nix halt", schlägt Benny völlig cool vor.

„Soso. Gar nix?? Garantiert sucht schon bald die Polizei nach euch, ihr Lausekerle!" Ronny reißt die Augen erschrocken weit auf. „Echt?" Diesmal nickt Sophie wieder.

„Die finden uns aber auch nicht!" Trotzig kneift Benny die Lippen zu einem Strich. „Habt ihr eure Handys eingeschaltet?", will sie wissen. „Quatsch! Die liegen daheim unterm Kopfkissen", sagen beide Jungen stolz.

„Ganz schön raffiniert!", meint Frauchen anerkennend. „Wisst ihr was? Am besten sagen wir, also ich, eurer Mama kurz Bescheid, damit sie sich keine Sorgen macht und ..." Benny schreit sofort los: „Spinnst du, he?"

„Lass mich doch mal ausreden, Benny. Ich sage ihr natürlich nur, ihr seid okay und meldet euch gleich morgen früh wieder." Ronny guckt zweifelnd. „Muss wohl sein, oder? Sie ist sonst traurig, was?"

„Allerdings ist sie das. Und wie traurig!", sagt Sophie ernst. „Könnt ihr euch das gar nicht vorstellen? Jede Menge Sorgen macht sie sich um euch. Und euer Papa genauso. Sie haben euch doch lieb."

Böse starren die Zwillinge sie an. „Nee, hat die Mama nämlich gar nicht! Nee-nee! Und der Papa auch nicht."

„Wie kommt ihr denn darauf? Euch zwei Schlingel muss man doch einfach liebhaben.“ Sophie lächelt die beiden an.

„Schön wär ´s“, seufzt Ronny. „Die haben doch null Zeit für uns. Der Papa ist ja fast nie daheim. Und die Mama? Na ja, die eigentlich auch nicht immer …“

Benny überlegt. „Aber … wenn du bei Mama anrufst, weiß sie doch deine Nummer und ruft dich sofort zurück. Ähm, wie heißt du überhaupt?“ Auch Frauchen überlegt. „Stimmt genau, Benny. Ihr dürft mich gerne Sophie nennen. Ich bitte einfach meine Freundin, dass sie für mich anruft. Und wenn eure Mama bei ihr nachfragt, stellt sie sich halt einfach dumm. Das kann sie prima.“ Sie kichert etwas nervös.

Plötzlich presst Ronny die Hand auf den Mund. „Psst!“ Benny zischt: „Shit!“ Denn durch den Wald tönt es deutlich: „Beeeenny! Rooonnny! Wooo seid ihr? Beenny! Ronny!“ Erschrocken springen die Zwillinge auf, schnappen sich die Rucksäcke, kriechen mitten zwischen die dichten Büsche. „He, wer ist das?“, fragt Sophie ihnen leise hinterher.

„Der Tim und die ganze Truppe“, flüstert es aus dem Gebüsch. „Wir müssen abhauen.“

„Nix abhauen. Bleibt, wo ihr seid. Lasst euch nicht sehen!“ Sie pfeift kurz nach Sonny und greift Dekicas Leine.

„Bin gleich wieder da. Bleibt cool, ihr beiden!“

An den hohen Holzstapeln warten Frauchen und Hundchen, bis die lauten Bubenstimmen näher kommen.

„Beeeeny! Roooonny! Seid ihr hiiiieer? Beenny! Ronny!“ Sophie steht einfach so da rum und winkt dem Suchtrupp fröhlich zu. „Wen sucht ihr Brüllaffen denn so heftig?“

Sonny läuft auf Tim zu, will von ihrem netten Freund gestreichelt werden. Doch der hat jetzt kaum Zeit für sie.

„Hast du die Zwillinge gesehen? Die sind nämlich weg! Also … verschwunden“, schnauft Tim.

Frauchen schaut interessiert, ohne rot zu werden. „Weg? Wieso? Wo sind sie denn hin, die beiden Zwillinge?“

„Wissen wir nicht. Wir sollen sie halt suchen!“, antworten die Jungen. „Überall hier am Bach.“

„Seit wann sind sie denn weg?“, will Sophie wissen.

„Seit dem Frühstück, sagt ihre Mama.“ Frauchen guckt verwundert. „Wo können die beiden nur stecken? Suchen denn noch andere nach ihnen?“

„Ja, klar. Drüben am Forstweg und so. Falls du sie siehst, schick sie schnell heim. Denen ihr Papa ist schon voll am Durchdrehen, sagt ihre Mama.“

„Warum das denn?“ Sie setzt ihre Sophie-Unschuldsmiene auf. „Wegen Afrika oder so“, meint Tim. „Ist wohl irgendwie mächtig eilig.“

„Hier sind eure Zwillingsfreunde bestimmt nirgends. Die Hunde hätten sie längst entdeckt. Habt ihr auch schon am Sportplatz und bei den Tennisplätzen nachgeschaut?“

Die Jungen setzen sich eilig in Trab. Dann keucht Tim nochmal kurz zurück. „Glaubst du, sie wurden …“

„Was soll ich glauben, Tim?“

„Sind sie … etwa … entführt? Ähm, also gekidnapped?“ Frauchen kann sich nur mühsam das Lachen verkneifen. „Oh, bitte nein! Nein, das kann ich mir kein bisschen vorstellen, Tim. Wie kommst du auf so was Schreckliches?“ „Tja, wegen dem Lösegeld halt, weil … denen ihr Papa hat doch jede Menge Geld, oder?“

„Darüber macht euch mal keine Sorgen, ihr Buben. Die zwei tauchen sicher bald wieder auf. Gesund und munter!“, verspricht Sophie ernsthaft. „Ich drücke euch die Daumen, Tim! Dann beeilt euch mal mit dem Suchen, - wegen Afrika oder so …“ Dekica kann sich nur wundern über diese merkwürdigen Menschenprobleme. Ob Sonny die versteht? Nein, die schnüffelt ausgiebig am Bachufer, als ginge sie das alles gar nix an. Und ihn, den alten Dekica, dann wohl auch nicht?

Kaum ist Tim am Bach verschwunden, da holt Sophie ihr Smartphone aus der Bauchtasche. „Du, Leonie! … Ja, nur eine kurze Bitte! … Ja, klar, … Es geht ihnen prima. Und keinesfalls Polizei! Ganz wichtig!!! Ich kümmere mich um die beiden … Ja, Danke! Du weißt natürlich nix Genaueres! Hast gerade eben diesen anonymen Hinweis von Unbekannt bekommen. Keine Nummer im Display zum Rückruf. Nein, leider! … Verstanden? Ich melde mich später wieder.“

Leise seufzend verstaut sie das Smartphone. Sie, also eigentlich Sonny findet die Zwillinge dicht aneinander gekauert unter der hohen Fichte. „Alles paletti!“, flüstert Frauchen ihnen zu. Zögernd kriechen sie unter den tiefhängenden Zweigen hervor. Sophie klopft ihnen die trockenen Fichtennadeln von den T-Shirts und wuschelt sie ihnen aus den Haaren. „Tja, ihr zwei gleichen Nasen lebt gefährlich hier am Bach. Wie soll ´s denn jetzt weitergehen mit euch zwei Ausreißern?“ Das wissen die zwei leider auch nicht.

„Gehen wir lieber heim?“, fragt ein reichlich kleinlauter Ronny. „Denkste dir so, Ron-Schisser!“, protestiert Benny großspurig. „Kannst gerne mitfliegen nach Südafrika. Ich bleib hier jedenfalls! Kapiert?“

Sophie schaut möglichst streng von einem Zwillingsgesicht ins andere. „Ich gebe mir ja große Mühe, euch zu verstehen. Aber wollt ihr vielleicht hier übernachten? Habt ihr überhaupt was zum Essen dabei?“ Ben nickt. „Kekse.“

Ron nickt: „Und Schoki, zwei Tafeln. Mit Nüssen.“

„Klingt lecker. Und trinken wollt ihr vom Bach, ja?“

Ben nickt wieder: „Wenn ´s sein muss.“ Und Ronny fragt unsicher: „Kannst DU uns nicht vielleicht …“

Frauchen tut empört. „Wie bitte? Ich? Oh, nein! Ausreißer unterstützen WIR grundsätzlich nicht, Dicki und Sonny, stimmt ´s?“ Sie zwinkert ihren Hunden dabei hinterlistig zu.

Dekica wedelt Zustimmung. „Aber eine viel bessere Idee hätte ich, ihr Buben.“ Ängstlich starrt Ronny sie an. „Keine Polizei, oder?“ Schon kichert sie los: „Der Tim und auch die anderen denken, da waren Kidnapper.“ Die Zwillinge kriegen den Mund nicht zu. „Waaas? DAS denken die? In echt?“

Wieder mal ist Sophie dran mit Nicken. „Das ist doch gar nicht so abwegig, ihr Helden. Oft genug wurden Kinder von bekannten und reichen Familien entführt, - sogar am hellen Tag und mitten auf belebten Großstadt-Straßen.“

„Lösegeld?“, fällt Ben ein. Ron sieht aus, als ob er vor Schreck eine fette Gänsehaut kriegt.

„Jajaja. Und da wollen diese mutigen Zwillinge diese ganze Nacht mutterseelenallein in dieser völlig einsamen Dornröschen-Hütte am Bach zubringen. Kein Mensch weit und breit …“ Frauchens Augen rollen vorwurfsvoll bei so einer unglaublich schrecklichen Vorstellung.

„Wir sind halt keine Feiglinge.“ Ben macht auf tapferen Kämpfer. Sein Bruder sieht das anders. „Bleibt ihr bei uns?“ Er zeigt auf die Hunde. „Ja! Na logisch! Ihr seid zwei superperfekte, oberscharfe Wachhunde, was?“, schmunzelt das Frauchen. „Ihr Schätzchen gebt jedem Kidnapper ganz artig die Pfoten, lasst euch den Bauch kraulen und mit leckeren Schweinsohren bestechen.“ (*Hat sie damit womöglich nicht unrecht bei diesen vierbeinigen Feinschmeckern*?)

Ben denkt eine Weile heftig nach. Sophie auch. Dann grinst sie fröhlich wie ein Lausbub nach einem gelungenen Streich. „Bei uns daheim wäre genug Platz zum Schlafen. Auch zum Essen und Trinken ist genug Vorrat da. Zum Beispiel Tiefkühlpizza und Eistee oder eisgekühlte Cola.“

Die Zwillinge gucken sie verdutzt an. „Hä? Nee! Wieso? Das ist jetzt … nicht dein Ernst?“

Sie meint: „Und wie ernst mir das ist. Wir können euch arme Waisenkinder schlecht allein hier im Wald verhungern und verschimmeln lassen. Mutter … seelen … alleine! Dazu noch völlig hilflos - und außerdem un … be … waffnet …“

„Ach ja? Und wir gehen jetzt einfach so mit euch nach Hause? Und du erzählst den Leuten, wir sind deine geliebten Enkelkinder auf Oma-Besuch?“ Ben tippt sich an die Stirn. „Spitzen-Idee! Dann kannst du uns auch gleich in Salzburg am Flughafen abliefern.“ - „Nee-nee, muss echt nicht sein!“, platzt Ron raus. „Hört gut zu, ihr tapferen Helden! Ihr kriecht unter die Fichte zurück und macht euch möglichst unsichtbar. Oder noch besser: Ihr stellt euch tot, falls der nächste Suchtrupp auftauchen sollte. Spätestens in zwanzig Minuten bin ich mit dem Auto wieder bei euch.“

Zwei glückstrahlende Zwillinge tauchen schleunigst in ihr grünes Versteck ab. Frauchen treibt die Hunde zur Eile an. Sie müssen leider hinter der Gartenpforte warten, erklärt sie Dekica. Kurz bevor sie auf dem Waldweg die Brücke über den Bach erreichen, schlendern ihnen zwei Männer entgegen. Beide tragen dunkle Sonnenbrillen. Höflich sagt Frauchen ihnen `*Guten Tag*!´ und erlaubt Dekica, an den Hosenbeinen des einen zu schnuppern. Der kleinere der beiden Männer streckt seine rechte Hand aus und fragt: „Darf man dich streicheln, du schöner Hund?" Frauchen sagt freundlich: „Normalerweise schon. Sie sind nicht von hier, oder?"

Es sind Feriengäste aus Bayern, erfahren wir, und sie sind das erste Mal in diesem wunderschönen Tal. Frauchen wünscht ihnen noch ein paar hübsch sonnige Urlaubstage, ruft nach Sonny und zerrt Dicki unerbittlich weiter.

Als sie kurze Zeit später mit dem Auto schwungvoll in den Waldweg einbiegt, kommen die zwei Männer ihr wieder entgegen. Sie schauen das Auto neugierig an, machen ihm höflich Platz und gehen dann weiter Richtung Brücke. Sie winkt ihnen vergnügt zu und holpert den steinigen Weg entlang. An der Hütte schaut sie sich gründlich um, bevor sie langsam um das Haus schlendert. Unter der Fichte rührt sich nichts. „Benny! Ronny! Kommt raus!" Keine Reaktion. Nervös schaut sie sich um. „Wo seid ihr? Beeilt euch!"

Ihre Stimme wird lauter. „Verflixte Lausebengel! Seid ihr etwa wieder abgehauen?" Ärgerlich dreht sie sich um, geht zurück zum Auto. „Nanu! Wie seid ihr denn so fix da reingekommen?", stöhnt sie. „Ich wollte mir gerade jede Menge Sorgen machen, wo ihr plötzlich seid!"

Die Zwillinge haben die zwei Männer herankommen sehen und sind hastig durchs Gestrüpp zum breiteren Bach hinunter gekrochen, der dicht auf der anderen Seite vom Hüttengrundstück vorbeifließt. Als sie das Auto kommen hörten, sind sie in Windeseile reingekrochen und auf die Rückbank verschwunden. Denn die Männer kamen ihnen irgendwie seltsam vor. Sie redeten so komisches Zeug von Geld, aber leider konnten sie in ihrem Versteck zu wenig verstehen.

Sophie atmet tief durch. „Zum Glück seid ihr ja jetzt hier bei mir in Sicherheit. Übrigens kamen mir diese Männer völlig harmlos vor. Feriengäste sind sie, aus Bayern. Da vorne gehen sie.“ Sie winkt den beiden zu, als sie langsam an ihnen vorbei fährt. Die winken zurück und schauen dem Auto hinterher. Ob der alte Geländewagen neben der Wiese den beiden gehört? Dunkelrot ist der und könnte dringend mal eine Waschanlage von innen sehen. Die Kennzeichen sind kaum noch zu erkennen. Soll das am Ende eine Null sein? Und ein F oder ein E vor dem H? Aus Deutschland sind sie, wenn das ihr Auto ist, jedenfalls nicht. Aber ist ja so was von unwichtig! Die Zwillinge haben andere Sorgen.

Dekica und Sonny wundern sich: Wenige Minuten später klettern zwei hübsche Mädchen aus Frauchens Auto. Alle drei verschwinden eilig im Haus. Neugierig tappen die Hunde hinterher. Die beiden Mädchen riechen genauso wie vorhin die Zwillinge. Nanu? Auf der Terrasse hinterm Haus muss Sophie erst noch schnell ein Beweisfoto schießen vom Besuch ihrer reizenden Enkeltöchter, mit der feuerroten Schleife im Mini-Pferdeschwanz und Frauchens schwarzer Lockenperücke vom letzten Faschingsumzug über den Igelhaaren. Die Zwillinge gackern los, als sie sich im Wintergarten auf den Fotos bewundern dürfen. „Hihihi!

Die schöne Ronina und die wunderschöne Benita", gluckst Ben.

„So perfekt getarnt hätte euch keiner erkannt", lobt Sophie sich selber. „Nicht mal eure eigene Mutter. Und jetzt haben die bildhübschen jungen Damen garantiert einen riesigen Ausreißerhunger." Oh ja, genau den haben sie. Frauchen macht den Hunden die Halsbänder ab und holt eine Tüte mit Leckerchen. Die dürfen die *`Damen´* feierlich überreichen. Schnapp, hat Dekica seinen Anteil in sich reingeschlungen. „Sei bloß nicht so gierig, Dicki-Schnellfresser!" Frauchen erklärt: „Ein ehemaliger Straßenhund wird wohl kaum noch lernen, wie er langsam und mit Genuss sein Fressen einteilt. Er frisst völlig anders als Sonny, das liebe alte Genießermädchen." Sie erzählt den Buben, was sie über Dekica weiß. „So einen Burschen hätte ich auch gerne", schwärmt Ronny und weicht nicht von Dickis Seite. „Was nicht ist, kann ja noch werden", meint Frauchen. „Es gibt viel zu viele arme Hunde, die dringend ein liebevolles neues Zuhause suchen.

So, ihr beiden, aber jetzt erst einmal herzlich bei uns willkommen." Sie nimmt die Ausreißer in die Arme. „Oh weh! Hoffentlich sperrt uns die Polizei nicht ein wegen Kindesentführung. Jedenfalls mich böse, böse Frau …"

Erschrocken sehen die Zwillinge sich an. „Das … kann das … passieren?", stottert Ronny und wird blass um die Nase.

„Wer weiß?" Sie seufzt. „Eigentlich müsste ich jetzt auf der Stelle eure Mutter anrufen, damit sie euch hier abholt."
„Tust du aber nicht?", fragt Ben schnell. „Sonst hättest du uns ja nicht als Mädchen verkleiden müssen."

„Du hast Recht, Benny.“ Frauchen grinst verschmitzt. „Zuerst muss der Flieger mit eurem Vater darin hoch in der Luft über der Mitte von Afrika sein. Unter einer Bedingung allerdings.“ Unsicher fragt Ron: „Bedingung? Wieso?“

„Jawohl! Unsere Bedingung: Ihr dürft nachher ausgiebig die beiden Hunde streicheln. Zum Dank nämlich für unsere Hilfe beim Verstecken. Natürlich erst, wenn ihr rundherum proppe-satt und zufrieden seid.“

Hört sich gut an. Die Hunde gähnen schläfrig. Sie genießen die zärtlichen Jungenfinger in ihrem weichen Fell. Ronny findet es witzig, wie Dekica daliegt mit seinen überkreuzten Vorderpfoten. „Als ob er beten will“, meint Benny.

„Das macht er immer wieder gerne“, schmunzelt Sophie. „Es ist vielleicht sein Markenzeichen?“

Sie fragt: „Sind eure Haare eigentlich unterschiedlich lang, damit man euch auseinanderhalten kann, - so ähnlich wie ihr euch seht.“ Benny fährt sich mit beiden Händen durch seine Stoppelfrisur. „Logisch!“ Er zerzaust seinem Bruder die langen Strähnen „Außerdem mag der Benny keine Haare im Gesicht“, erklärt Ronny.

„Und der Ronny zieht seinen Vorhang vor die Augen, wenn ihn nämlich keiner erkennen soll“, lästert Benny.

„Aber irgendwie ähnlich seid ihr beide euch schon, oder?“, überlegt Sophie schmunzelnd.

„Der da ist voll der kleine Hosenschisser.“ Ben tippt seinem Zwilling auf die Nasenspitze. Der verdreht die Augen. „Dafür bist du der Mister Obercool. Riesengroße Klappe und nullkommanull Respekt. Egal vor wem, sagt Papa.“

Sophie muss lachen. „Dann ist das ja soweit geklärt. Und ihr zwei seid für den Rest des Tages möglichst nach draußen hin unsichtbar wie Gruselgeister. Erst morgen früh reden wir drei weiter im Klartext. Verstanden, ihr netten Buben?“

„Dürfen wir Fußball spielen auf deiner Wiese hinterm Haus?“, fragt Benny. „ Haha! Unsichtbar!“, spottet Ronny. „Ihr könntet ein Video gucken. Dabei geht euch die Zeit fix vorbei“, fällt Frauchen ein. „Liest du uns was Spannendes vor?“, bittet Ronny. „Vorlesen?“ Sie hat sich wohl verhört. „Euch großen Kerlen? Wollt ihr nicht was selber lesen?“ Nein, die beiden sind heute mal für Vorlesen. Selberlesen? Nö, das können sie auch daheim jeden Tag haben.

Sophie freut sich. „Mach ich doch total gerne. Ich habe ein ganzes Regal voll mit Büchern für Zwillinge wie euch. Was haltet ihr zum Beispiel von … den drei Fragezeichen?“ Beide nicken begeistert. Logisch! Die sind genau ihr Ding!

Schon kuscheln die drei sich auf die Eckbank vorm Kachelofen. Die Hunde strecken sich zu ihren Füßen aus.

Dekica leckt ausgiebig seine Pfoten sauber, faltet sie zusammen, legt den Kopf darauf und peilt hoch zu diesen *`Drei Fragezeichen´*. „Als ob er ´s genau versteht“, meint Ronny versonnen. „So ein schlauer Bursche ist das!“

„Wer weiß?“, lächelt Frauchen. „Ich glaube, er hat sich inzwischen an mich gewöhnt, dieser alte Streuner, und mag einfach meine ruhige Vorlesestimme. Jedenfalls sieht er richtig zufrieden aus. Findet ihr nicht auch?“

„Bist du froh, weil er jetzt bei euch ist?“, fragt Ronny.

„Ja, sehr“, nickt sie. „Er ist so ein Lieber. Ein unendlich dankbares Kerlchen. Wer weiß denn, was er schon alles an schrecklichen Sachen hinter sich hat. Könnte er es uns

doch erzählen, was er durchgemacht hat auf seiner Müllhalde."
Ronny denkt eine Weile angestrengt nach. „Du. Sophie! Wie kann Dekica unsere Sprache verstehen? Die Leute beim Müll haben doch ganz anders geredet. Woher weiß er, was *`Sitz!´* heißen soll und *`Mach Platz!´* oder *`Komm her zum Frauchen, Dicki*!´"
Sophie denkt auch nach. „Alle Hunde in allen Ländern scheinen jede Sprache zu verstehen. Sie spüren am Tonfall, was man zu ihnen sagt." Ich seufze: „Hund müsste man sein! Keine doofen Vokabeln lernen. Nix Grammatik …"
Sophie schmunzelt: „Weißt du, Ronny, wenn ich wieder auf die Welt komme, werde ich zuerst ein Löwe, dann Hund. Vielleicht irgendwann mal ein Eichhörnchen?"

KAPITEL 3: SOPHIE

Wie sie da so entspannt liegen und schlafen, die verrückten Zwillinge. Als würden sie hierher gehören. Direkt zum Anbeißen sehen sie beide aus. Ach, Sonny! Ach, Dicki! Worauf hat euer naiv-blödes Frauchen sich da mal wieder eingelassen? Wenn ich mir bloß keinen Riesenärger damit einhandeln werde! Gleich morgen früh bringe ich die Ausreißer heim zu ihrer Mutter. Soll die sich mit ihren zwei lustigen Früchtchen doch am besten gleich in den nächsten Flieger nach Südafrika setzen.

Tja, was nützt es, nach außen hin berühmt zu sein, wenn dafür die Harmonie in der eigenen Familie den Bach runtergeht? Ich beneide diese Zwillinge nicht um ihr Vorzeige-Zuhause. Wenn die Buben bloß dichthalten, wer sie bei sich versteckt gehalten hat. Ob ihre Mutter nicht doch die Polizei einschalten wird? Was bleibt ihr wohl anderes übrig?

Ach, ich dumme, so dumme Sophie!!! Ich fürchte, das gibt alles andere als eine ruhige Nacht mit schönen Träumen. Mein Gewissen plagt mich ja jetzt schon ganz fürchterlich. Wisst ihr was, meine lieben Hundchen? Euer Frauchen fährt sofort zu der ahnungslosen Mutter dieser süß schlafenden Knaben und beichtet ihr die ganze sonderbare, beinahe unglaubliche Geschichte. Soll sie halt entscheiden, was wir machen können, ohne dass ich mein Versprechen gegenüber ihren Schätzchen brutal brechen muss. Gebt mir inzwischen gut Acht auf diese beiden Schlingel. Euer Frauchen kommt so fix wie möglich zu euch zurück.

KAPITEL 4: DEKICA

Es ist schon dunkel draußen, als Dekica Frauchens Auto unter das Carport fahren hört. Sonny knurrt kurz, er bellt vor Freude aufgeregt. Frauchen setzt sich schnaufend in den weißen Schaukelstuhl neben dem Hundekorb.
„Oh, mein Dicki, war DAS eine gute Idee!! Die arme Mama ist mir vor Erleichterung um den Hals gefallen, weil ihre Buben hier in Sicherheit sind. Fast zwei volle Stunden haben wir uns die Köpfe heiß geredet. Sie sagt, sie versteht ihre Zwillinge bestens, - jedenfalls versucht sie es."

Sie streichelt seine warmen, weichen Schlappohren.

„Morgen, mein Dicki, will sie gleich zum Frühstück hier sein und sie abholen. Erst einmal dürfen sich die müden Kerlchen gründlich ausschlafen nach diesem hektischen Tag. Und euer armes gestresstes Frauchen ist nun auch entsetzlich müde. Zum sofort hier Umfallen. Schlaft ihr schön weiter, meine braven Hundchen."

Sie krault kurz zärtlich Dekicas Kopf, streicht beruhigend über seinen Bauch und gähnt zweimal. „Passt auf die Buben auf, damit sie uns nicht mitten in der Nacht wieder ausbüxen wollen. Denn wundern tut mich bei diesen Schlitzohren gar nix mehr! Sagt mir sofort Bescheid, falls ich wach werden soll, meine beiden Wachhunde. Ich habe der Zwillings-Mama mein Wort gegeben. Alles MUSS gut ausgehen."

Dekica öffnet noch mal das linke Auge, langsam wedelt seine Schwanzspitze. „Machen wir, Frauchen. Und jetzt lass uns schlafen! Gute Nacht!"

Er wird munter, weil Sonny eilig raus will in den Garten zum Pipimachen. Ein sehr müdes Frauchen tappt ihr hinterher in die Küche. Schon steht er neben seinem Fressnapf, bellt tief und ohrenbetäubend seinen kräftigen Morgenhunger, bis die sooo leckeren Futterbrocken vor ihm stehen.

„Sei still, Dicki!“, ranzt Frauchens heisere Stimme ihn an. „Wirst nicht sofort verhungern! Du weckst unsere Schlafgäste auf!“ Wieso? Ist doch längst hell draußen. Aufstehen, ihr Schlafmützen! Unternehmungslustig wackelt er in den Garten, setzt seinen beachtlichen Morgenhaufen neben den Stachelbeerbusch, macht ausgiebig Auf-dem-Rücken-im-Gras-Rollen und bezieht seinen Beobachtungsposten neben der Küchentür. Warum schreist du plötzlich los, Frauchen? Sei still, Frauchen! Nun sind unsere Gäste garantiert munter.

Sophie stampft in die Küche. Ihre laute Stimme verrät ihm: Es ist dicke Luft. „Dicki! Wo sind die Zwillinge?“, poltert sie los. „Du solltest mich doch wecken! Unbedingt!“

Das hat Dekica ja versucht, Frauchen. Unsicher peilt er zu ihr hoch. Warum ist sie nicht wachgeworden bei seinem lauten Bellen? Und wie soll ein Hund weiter bellen mit einer großen, duftenden Fleischwurst dicht vor der Schnauze? Kaum hatte er sie runtergewürgt, war kein Wurstmann mehr da. Und die große Glastür zum Garten hat der Mann ihm und Sonny direkt vor der Nase zugeschoben. Da hat ihm auch ihr helles, durchdringendes Kläffen nix mehr genützt.

SOPHIE-FRAUCHEN:

Ich hätte es ahnen sollen! Nein, ich hätt´s wissen müssen! Verflixt und zugenäht! Weg sind sie! Einfach WEG!! Aber - die Balkontür? Warum steht die offen? Ich muss sie doch zugemacht haben. Sie werden da doch nicht etwa runtergeklettert sein? - Dicki! Was ist das denn für ein Wurstzipfel neben deinem Korb? Haben sie dich etwa mit einer ganzen Wurst abgelenkt? Wo hatten sie die denn so plötzlich her? Ach, Mist elender! Warum kannst du mir nicht erzählen, was genau passiert ist in dieser verflixten Nacht? - Hallo!! Warum liegt noch ein Rucksack vor dem Bett? So was Wichtiges vergisst ein Junge doch nicht, wenn er abhauen will. Ob sie schon auf dem Weg nach Hause sind? Ist doch gerade erst halb sechs. Dicki, ich ziehe mir jetzt nur schnell was an und fahre nochmal kurz da rüber. Vielleicht sind sie ja längst sicher zu Hause angekommen? Bitte, lieber Gott!!

DEKICA:

Anscheinend sind sie das nicht. Als das Frauchen ziemlich bald wieder da ist, spüren wir Hunde es sofort: Irgendwie ist sie nicht wie unser normales Frauchen. Sie schleicht zum Waschbecken, lässt ein großes Glas voll Wasser laufen, kippt es in sich hinein und stöhnt dann laut vor sich hin.

„Ach, Sonny, was war denn los in der Nacht? Hast du auch Wurst gefressen? Oh, mein liebes altes Mädchen! Ihr beide könnt nix dafür. Seid mir bitte nicht böse, wenn ich schlecht drauf bin. Aber das zaubert uns die Zwillinge auch nicht wieder her. Und ich Obertrottel bin schuld. Warum um alles in der Welt wollte ich sie unbedingt bei uns verstecken?“

Sie streicht sich nervös durch die Haare. „Wenn sie nicht zu Hause auftauchen, … Was mache ich dann? Wo werden sie sich diesmal verkriechen? Wo sollen wir sie suchen? Könnt ihr, meine schlauen Hunde, mir denn nicht verraten, ob nachts jemand Fremdes im Haus gewesen ist? Das hier geht doch nicht mit rechten Dingen zu! Ich bin völlig durcheinander. Könnt ihr das nicht verstehen?“

Wie gerne würden wir unserem Frauchen antworten. Wir hatten doch allen Grund, laut zu bellen. Aber sie versteht uns ja leider auch nicht. Genauso wenig, wie sie uns in der Nacht verstanden hat. Nein, ein guter Wachhund ist der Dekica wirklich nicht. Das hat Hund nie lernen müssen als einfacher Straßenköter. Da gab es ja nix zu bewachen, nur diesen elend zugigen Holzverschlag. Tut uns mächtig leid. Ach, Frauchen … Traurig legt er den Kopf auf seine gefalteten Vorderpfoten. Und die faule Sonny ist anscheinend schon ein paar Jahre zu alt für einen richtig guten Wachhund.

KAPITEL 5: RONNY

Benny: „Hör auf zu jammern, Ron! Das bringt uns nullkommanull. Lass uns lieber rauskriegen, wo die Typen uns hingebracht haben. Was wollen die von uns? Und wozu hatten sie diese dämlichen Strumpfmasken auf?“
Ronny: „Waren das … solche … Kidnapper? Hast du verstanden, was sie gesagt haben?“
Benny: „Nee. Denen ihre Sprache hab ich noch nie gehört. Ekelhaft gestunken haben die. Nach Zigaretten und Schnaps und nach Schwitzen. Bäh! - Hab ich einen Durst! Hast du noch Bonbons im Rucksack? - Wie konnte ich Blödmann meinen bloß bei der Sophie vergessen?“
Ronny: „Ging ja alles viel zu schnell. Ich bin kaum wach geworden, da hockten wir schon in dieser klapprigen Kiste. Kotzübel war mir. Sind ´ne ganze Ecke weggefahren, ja?“
Benny: „Glaub schon. Warum die uns wohl den Mund und die Augen zugebunden haben, diese stinkenden Mistkerle?“
Ronny: „Damit wir nicht sehen sollen, wo wir hinfahren? Und rumschreien sollten wir nicht. Wo sind wir jetzt, Ben? Du, ich hab total den Schiss. Wir müssen sofort abhauen.“
Benny: „Echt guter Witz! Durch eine verriegelte Tür und Fenster mit Gittern … Ein elender Gammelschuppen ist das! Irgendwo in der Pampa. Nix als Bäume und Büsche. Hier hört uns keiner, wenn wir zusammen laut um Hilfe brüllen.“
Ronny: „Wenigstens probieren müssen wir ´s. HIIILFE! HI-LFE!! HIIIIL-FE!!! - Hiiiier sind wir!! HIIILFE!!“

Benny: „Hör auf, wenn du irgendwann stockheiser bist. Sag lieber, wo wir hier was zu essen herkriegen. Mir ist schlecht vor Kohldampf. Bin ich tierisch müde! Ich leg mich auf meine Jacke und schnarch noch ´ne Runde vor mich hin."

Ronny: „Nö, ich bin putzmunter vor Aufregung. Soll ich dich aufwecken, wenn … ja, wenn ´s Frühstück gibt?"

Benny: „Voll witzig!! Was meinste, Ron? Hat Mama jetzt doch der Polizei Bescheid gesagt?"

Ronny: „Sowieso! Jede Wette, die finden uns bald. Du, Ben, muss Papa für uns bezahlen? LÖSEGELD meine ich. Und wieviel? Hast du ´ne Ahnung?"

Benny: „Nö. Der Papa sitzt längst im Flieger. Der hat null Ahnung, wo wir sind. Aber von Mama hat er ´s vielleicht schon erfahren, weil wir jetzt sogar richtig weg sind. Nicht bloß mal so ´n bisschen versteckt irgendwo im Wald."

Ronny: „Wenn sie ´s selber überhaupt schon mitgekriegt hat so früh am Morgen. Aber wetten die Mama findet uns. Ganz bestimmt. Auch ohne Papa. Lass mich jetzt auch ´ne kleine Runde schlafen."

Benny: „Ach nee! Putzmunter nennst du das, Brüderchen? Wehe, du schnarchst wild rum wie ´n dicker Bär!"

Wie damals vor zehn Jahren, als Babys in Mamas Bauch, kuscheln wir uns dicht aneinander auf dem knochenharten, aber wenigstens trockenen Boden und lassen endlich unsere todmüden Augen fest zufallen.

Eine ganze Zeit später, als Bennys Magen knurrt wie ein ausgehungerter Wolf, höre ich Motorengeräusche.

„Hey, Benny! Aufwachen! Da kommt jemand!" Er knurrt: „Lass mich schlafen, Ron!" Dann fährt er hoch. „Ein Auto? Die Männer??" Er zerrt mich, den zitternden kleinen Bruder, in die dunkelste Ecke. Wir machen uns möglichst winzig und halten die Luft an. In der offenen Tür stehen die zwei Männer, diesmal ohne ihre schwarzen Masken, und spähen in den dämmrigen Schuppen. Schnell haben sie uns im Halbdunkeln entdeckt. „Herkommen!", fordert der Größere uns mit einer tiefen, verrauchten Stimme auf. „Sofort!!!"

Wir rühren uns nicht und geben keinen Mucks von uns. Drohend nähern sich die Kerle. „Aufstehen!", brüllt der Andere, ein kleiner Dicker. „Herkommen, kleines Rotznasen!" „Ha! Selber Rotznasen, ihr miesen Typen!" Betont lässig sagt Ben das und drückt mich dabei beruhigend an sich.

„Herkommen! Wir nix tun!", sagt der Größere leise, aber irgendwie auch unheimlich. Sogar drohend??

„Haha! Euch miesen Kerlen glauben wir kein Wort. Wer seid ihr? Was wollt ihr von uns?" Bens Stimme klingt fest, obwohl ich seine Angst deutlich spüre. „Wo sind wir hier? Antwortet! Aber flott-flott!" Mit jeder Frage wird seine Stimme lauter und schriller. (*Ich kann kaum atmen vor Schreck. Wieso traut er sich das? Ist doch voll gefährlich.*)

Die Männer bleiben stehen und starren Ben nur an, als wäre er von allen guten Geistern im Stich gelassen. Ist er das etwa auch? Dreht er jetzt gerade völlig durch, mein tapferer cooler Kämpfer-Bruder?

Endlich knurrt der Dicke langsam und betont jedes Wort: „Du riesengroßes Klappe halten, Rotznasenbengel!"

„Ich halte die Klappe, wenn ICH das will, ihr oberblöden Hornochsen!", schreit Ben los wie eine Furie. Meine Zähne klappern unkontrolliert aufeinander. „Sei still, Ben!", höre ich mich flüstern. „Bitte!! Die sind mega-gefährlich."

„Mir doch so was von scheißegal! Ich will hier raus und nach Hause. Und zwar SOFORT!“, kreischt mein Zwilling in seiner vollsten Ben-Lautstärke. Zittert er inzwischen vor Aufregung und Wut? Oder mehr vor Ekel und Hunger?

Er drückt uns tiefer in die Ecke. Obwohl ich merke, er würde zu gerne aufspringen und den Typen seine Fäuste mitten reinrammen in ihre verdammten Gauner-Weichteile.

(*`Beherrsch dich, Ben, bitte!´*, flehe ich lautlos. *`Du machst alles nur noch schlimmer mit deiner Angeber-Trotz-Show.´*)

Die Kerle betrachten uns stumm. Wie eine kleine Ewigkeit kommt es mir vor. Müssen sie Bens Zorn erstmal verdauen? Die Cleversten scheinen sie beide nicht zu sein. Was macht man mit wildgewordenen Zwillingen, denken sie wohl? Sind sie gerade ähnlich hilflos wie wir? Meine weit aufgerissenen Augen verstecke ich hinter meinem Haarvorhang. (*Müssen diese Kerle ja nicht merken, wie ich mir fast in die Lederhosen mache.*) Endlich, wie in Zeitlupe, geht der Große auf uns zu. Seine weit ausgestreckte Hand will nach Bens Schulter packen. Will aber nur. Denn mit einem unfeinen Fluch stolpert er rückwärts und reibt sich den Daumen.

„Du hast … ihn … gebissen?“, japse ich entsetzt.

„Klar. Denkste, der fasst mich an, dieser Scheißer!“

Plötzlich macht der Dicke einen Satz auf Ben zu. Er brüllt etwas Böses und beugt sich herunter. Blitzschnell landet eine Jungenfaust haargenau über der Nase, mitten zwischen den Männeraugen, eine zweite an der linken Schläfe. Aufstöhnend sackt der Kerl zusammen wie ein halbvoller Mehlsack. Tropft da etwa BLUT aus seiner Nase? Au weia, Ben!!

Der andere Typ stutzt, greift hastig nach ihm und schleift seinen reichlich angeschlagenen Kumpel eilig aus der Hütte. Wir hören, wie ein Riegel vorgeschoben wird. Schon springt Ben auf, rennt zur Tür, boxt dagegen wie wildgeworden.

„Diese Banditen!“, krakeelt er los und tritt auf die Tür ein. Immer und immer wieder, als wäre er dicht vorm Abheben. Ich bringe vor Verblüffung kein Wort heraus, kann meinen tollen Bruder nur anstarren. Jetzt wäre ich doch wohl lieber da oben im Flieger … weit, weit weg nach Südafrika, schießt es mir durch den Kopf. Ach, Benny! War das nötig?

„Die kommen wieder“, höre ich ihn seufzen. „Dann sind sie bewaffnet. Jede Wette. Verdammt!“ Er schnauft wütend. „Aber wenn sie uns umlegen wollen, gibt ´s für die keinen müden Cent. Mal hallo! Hörst du? 1 : 0 für uns, Ron! Du, jetzt würde ich sterben für einen doppelten Cheeseburger mit ganz viel Paprika-Ketchup.“

„Den kannste mal vergessen! Die sind stinksauer auf uns. Is ja wohl logisch, du verrückter Kerl!“, krächze ich und spüre jetzt auch das elende Wolfsknurren in meinem Magen.

„Statt Prügel, die sie uns liebend gerne verpassen würden, lassen sie uns verhungern, die Drecksäcke. Vorher jämmerlich verdursten.“ Ben wirkt nicht gerade wie der große Held nach einer gewonnen Schlacht. Hat er uns eben mit seinem bühnenreifen Auftritt nicht eher ein Eigentor geschossen? Wie wird das Spiel hier weitergehen? Wird womöglich demnächst - oder schon sehr bald - bitterer Ernst daraus?

Erst nach einer gefühlten Ewigkeit öffnet sich die Tür. Ein Mann guckt kurz in unsere Ecke, traut sich aber anscheinend nicht herein. Und sagen tut er auch nix, außer einem tiefen Grunzen in einer fremden Sprache. Nanu? Eine quietschgelbe Plastiktüte fliegt uns entgegen. Schnell ist die Tür wieder fest zu. Hat der auch Angst vorm bissigen Zwilling?

Ben stürzt ans Fenster. „Da haut der ab, dieser dünne, obermiese Schisser!“, meldet er. „Du, der Typ hinkt ja wohl.“

Schon bin ich neben ihm. Tatsache, der Kerl zieht sein linkes Bein etwas nach beim Gehen. Wo hat er wohl seinen Kumpel gelassen? Sehen können wir keinen zweiten Mann. Egal! Aber was ist da drin - in dieser komischen Tüte?

„Proviant??? Ron, ich fasse es ja nicht!“

Ben stürzt sich auf die Tüte und kippt eilig den Inhalt aus. Eine große Flasche kullert über den staubigen Boden.

„Mineralwasser. Das löscht am besten den größten Durst.“ Ben dreht hektisch am Schraubverschluss. „Du zuerst, Ron.“ Ich nehme nur einen kleinen Schluck, spüle meinen trockenen Mund aus, trinke einen zweiten und dritten größeren Schluck, gebe die Flasche weiter. Tut das gut! Auch Ben trinkt für seine Verhältnisse ungewohnt sparsam.

„Wer weiß, wann ´s Wassernachschub gibt“, meint er.

Eine Bäckertüte mit drei trockenen Milchbrötchen, zwei Bananen, zwei giftgrüne Äpfel, eine kleine Tüte Kartoffelchips, ein Schokoriegel. Unser spätes Frühstücksangebot. Endlich hören wir das Auto wegfahren und sehen durchs Fenster, in welche Richtung es sich entfernt. Dunkelrot scheint es zu sein. Ein uralter Klapperkasten, vermutet Ben. Wir holen tief Luft. Die Ruhe vorm großen Sturm?

Schweigend kauen wir jeder an einem Brötchen rum und teilen uns eine fast schon matschige, aber unglaublich süße Banane. Mein Magen schreit heftig nach mehr … (*Neenee, wir haben jetzt andere Probleme als Magenknurren*!)

„So fix sehen wir die sicher nicht wieder“, vermutet Ben. „Erst dürfen die mal ihre hübschen Wunden lecken und ihren Erpresserbrief schreiben. Falls die überhaupt schreiben können, so selten dusselig, wie die sich anstellen. Was die wohl von unseren Eltern für uns verlangen?“

„Für unsere Freilassung, meinst du? Das Lösegeld?“

Ben denkt nach. „Das war eben nicht der Dicke, dem ich auf die Nase gehauen habe? Nee, der hatte auch keinen Bart. Und mehr Haare. Oder? Erinnerst du dich an den, Ron?“

Ich kaue auf meiner Unterlippe. Nein, es muss der andere Kerl gewesen sein. Aber war der nicht größer? Seine Augen und die Nase konnten wir im Gegenlicht bloß unscharf erkennen. Und von hinten dann gar nicht. Wir sehen uns ratlos an. Gibt es etwa noch einen dritten, sehr dünnen Kidnapper?

„Shit! Ist das eine ganze Bande von Idioten?“, grübelt Ben. „Steht es drei gegen zwei für die? Na gut, besser wir zwei mit Köpfchen als diese drei miesen Vollpfosten.“

Bei diesem aufmunternden Zwillings-Gedanken reißt es mich hoch. Ich zerre meinen Rucksack aus der Ecke, kippe auch ihn aus. Meine Taschenlampe kullert in den Staub.

Daneben … mein Handy! „Mensch, Ron! Du bist der Größte!“ Stöhnend grapscht Ben danach … „Fuck! War wohl nix! Null Empfang in diesem Dreckloch. Ist ja klar.

Dämlicher Gurkendreck!“ Wir seufzen gleichzeitig. Zu früh gefreut! Bin halt doch nicht der Größte, Bruderherz.

Das bisschen Sprudelwasser will unten wieder raus. Ganz plötzlich! Ich will einkneifen. - Upps, … zu spät!

„Ich muss eilig pinkeln!“, stöhne ich entsetzt.

„Ich auch!“ Ben kneift die Beine fest zusammen.

Der verrostete Blecheimer neben der Tür? Leer bis auf jede Menge staubige Spinnweben. Ben schiebt ihn mir zu.

„Du zuerst!“ Ich schüttle mich angewidert. „Igitt! Nee! Lieber puller ich in die Hose!“ - „Mach doch! Viel Spaß!“ Er greift sich den Eimer und pullert mitten in den grauen Spinngewebestaub. Ich gebe mir einen Ruck. Eine vollgepinkelte Unterhose ist ekliger als dieser voll eklige Eimer.

Erleichtert sehen wir uns an und kriegen prompt einen Lachkoller. Das eben war absolut filmreif! Wir klatschen uns ab, sobald wir wieder Luft kriegen. „Voll cooles WC!“, japst Ben. „Nee-nee. Nix WC! Nur C!“, grinse ich.

„Wieso?“ Er kapiert nicht gleich. „Weil zum echten WC die Wasserspülung fehlt“, kläre ich ihn auf.

Jedenfalls werden wir das hier nie vergessen. Und unsere drei oder wie viele auch immer Kidnapper garantiert erst recht nicht, wenn sie diesen Stinke-Eimer ausleeren dürfen. Wie gerne würden wir ihre angeekelten Gaunergesichter dabei sehen! Hihihi! …

Ben untersucht meinen Rucksackinhalt. Plötzlich greift er sich mein Schweizer Messer. „Manno, Ron, DAS isses! Wir machen uns ein Loch in die Wand.“ Er strahlt mich an, als hätte ihm soeben jemand den diesjährigen Nobelpreis zugesprochen. „Wow! Glaubst du, das geht?“ Ich bin beeindruckt. „Das muss gehen, Ron! Zum Glück ist unser feines Hotelzimmer aus uralten Holzbalken zurechtgezimmert.“ „Und es scheint noch aus dem vorigen Jahrtausend zu stammen“, gebe ich ihm Recht. „Also suchen wir uns mal eine Stelle und probieren unser Glück“, meint Ben.

Auf den Knien rutschen wir an allen vier Wänden herum und klopfen die teilweise morschen Balken gründlich ab. Es dauert eine Weile, doch dann schreit Ben los: „Hier, Ron! Das müsste passen. Gib mir das Messer rüber. Ich mach´ den Anfang.“ Abwechselnd setzen wir die sechs verschiedenen Klingen an. Sogar den Schraubenzieher. Das Holz erweist sich als noch unerwartet gut erhalten und härter als hart.

Mit dem sprichwörtlichen Mut der Verzweiflung bohren, schaben und kratzen wir, bis uns der Schweiß auf die T-Shirts tropft. „Aua!!! Bullshit aber auch!“, schreit Ben und lutscht an seinem Daumen. „Volltreffer. So ´n Mist!! Das fehlt uns jetzt genau noch.“ Er hat sich kräftig ins Fleisch geschnitten. „Zeig mal her! Buff! Warte, ich hab Pflaster dabei.“ Er wehrt genervt ab: „Is nich so schlimm.“

Fluchend bohrt er weiter, leckt das Blut ab, bis ihm die Wunde höllisch weh tut. Dankbar lässt er sich von mir verarzten. Mit der linken Hand arbeitet es sich weniger gut. (*Ich merke ihm an, wie er gegen seine Schmerzen die Zähne fest aufeinander beißt. Tja, da gebe ich mir die doppelte Mühe.*)

Wir müssen es schaffen, egal, auch mit nur drei Händen. Plötzlich habe ich ein Bild vor Augen. Ganz deutlich sehe ich es vor mir: Eine Brücke, ein rotes Fahrzeug, zwei dunkle Sonnenbrillen … „Du, Ben, erinnerst du dich an die beiden Feriengäste? Gestern, wo wir über die Brücke gefahren sind? Ein großer Dünner und ein Kleiner, bisschen dicker.“

„Wie kommste jetzt gerade auf die?“ Kurze Denkpause. Dann schlägt Ben sich seine verpflasterte Hand vor die Stirn. „Mensch, Ron, wie fest kann man auf seiner eigenen Leitung rumtrampeln? DAS waren sie! Unsere zwei Typen. Von wegen freundlich und aus Bayern! Selten so gelacht!!“

„Sie wollten uns im Auto erkennen, stimmt ´s?“

„War unsere Süße-Mädchen-Tarnung doch nicht clever genug? Bullshit!! Okay, Brüderchen! Das heißt, wir müssen hier raus. Und zwar schleunigst!“ Zähne noch fester zusammenbeißen und weitermachen!

Das tun wir dann auch eisern, obwohl uns längst nach Aufgeben ist. Besonders meinem Zwilling. Aber genau das kommt jetzt schon gar nicht mehr in Frage. „Können wir das Gitter vorm Fester runterreißen?“, überlege ich.

„Träum schön weiter, schlaues Ronnylein.“ Verächtlich zeigt Ben mir mit dem linken Mittelfinger einen Piepvogel. „Du dusselige Wand!“ Wutentbrannt tritt er gegen den hartnäckigen Balken, der einfach auf stur zu schalten scheint. „Doofe, saudoofe Wand!“ Ich trete mit Anlauf dagegen. „Upps? Ron!! Der wackelt!“, kreischt Ben und tritt wieder zu. Mit voller Kraft. Es ist bereits dämmrig, als wir das Loch endlich groß genug haben. Wenn bloß die Kerle nicht auftauchen ... Ich versuche als Erster, mich durchzuzwängen, weil ich dünner bin. „Du musst aus der Lederhose raus“, stellt mein Bruder fest. „Mit der passt du nicht da durch.“ Sein muss sein! Ben schiebt nach. Ratsch! Mein Ärmel bleibt hängen. Doch endlich ist mein Kopf ganz draußen, dann die Schultern, - der Rest ein Kinderspiel. Ich atme tief, tief durch. Ben schiebt mir die Lederhose hinterher.

„Mach hin, Ron!“, höre ich. Und noch etwas anderes höre ich: Das ferne Geräusch von einem Motor. Neiiiin! Bitte, lieber Gott, lass das nicht die Kerle sein! Ich könnte losheulen. Es sind nicht die Kerle. Es ist nämlich kein Auto-Motor. Kommt dieses Geräusch von oben? Es klingt wie ein tiefes Brummen. Nee, eher wie ein Knattern? Und es kommt deutlich näher dieses laute Knattern.

„Ein Hubschrauber!“, brüllt Ben von drinnen. Jetzt erkenne ich den auch. „Ein Hubschrauber? Suchst der etwa nach uns?“ Ich renne ein Stück von der Hütte weg und reiße die Arme hoch. Der Hubschrauber hat abgedreht und fliegt langsam in die andere Richtung, - auf die Berge zu, die in der letzten Abendsonne wie Feuer zu glühen scheinen.

Niedergeschlagen trotte ich zurück. Aua! Ich stolpere über was Hartes und bücke mich danach. Hey, ein Hammer! Was machst du denn hier? Können wir dich brauchen? Allerdings können wir! Ich höre Bens aufgeregte Stimme: „Mach die Tür auf, aber dalli!“ Die Tür? Äh, … Ja, logisch! Die Tür!!

Ich sprinte um die Hütte herum, als säße mir ein Riesen-Dino im Nacken. Von innen bummert mein Zwilling hartnäckig gegen das Holz. Er hat richtig vermutet: Nur ein schwerer Riegel ist davor geschoben. Kein Vorhängeschloss zu sehen. Puh! Mir wird vor Erleichterung heiß. Schon versuche ich mit beiden Händen, diesen Riegel zu bewegen. Verflixt, - wie megabombenfest sitzt der denn? Hilfst du mir, Hammer? Ich klopfe mal vorsichtig gegen den Riegel. Ziemlich laut hallt das im Dunkeln.

„Was machst du da?“, höre ich meinen Bruder. „Geht ´s noch lauter?“ Er weiß ja nix vom Hammer-Fund und freut sich über das nützliche Teil. Tja, Bruder, auch dein Ronny-Schisser bringt ´s manchmal!

„Mach weiter!“, ruft er mir immer wieder Mut zu, während ich heftiger klopfe. „Du schaffst das!“ Ich komme noch einmal heftig ins Schwitzen. Schiebe meine störenden Haarsträhnen hinters Ohr. Dieser verdammte Riegel denkt gar nicht dran, den zu schwachen Ronny-Fingern nachzugeben. Auch nicht dem Hammer. „Geht nicht! Sitzt bombenfest“, schniefe ich durch die Tür und schäme mich vor meiner eigenen Schwäche. „Ach, Benny, du wirst auch durch die Öffnung kriechen müssen“, murmle ich völlig frustriert und wische mir meine Enttäuschungstränen weg. *(Sieht zum Glück keiner! Außer mir, dem kleinen Ron-Schlappschwanz.)*

KAPITEL 6: SOPHIE

Auch in dieser Nacht wälze ich mich herum mit meinen allzu quälenden Gedanken. Wo soll die Polizei suchen? Wenn die Zwillinge tatsächlich entführt worden sind, können sie sonst wohin gebracht worden sein. Aber dann müssten die Entführer doch ein Lösegeld für ihre Freilassung fordern. Ich sehe die schaurigsten Bilder vor mir. Rutsche in unruhige Träume von gefesselten, geknebelten Jungen und grimmigen Gangstern, die sie aufs Schrecklichste bedrohen. Wache nassgeschwitzt auf, bin erleichtert, weil das eben nur ein Traum war.
Wäre die Nacht doch endlich vorbei und mit ihr dieser böse Alptraum! In meinem Kopf dreht sich mittlerweile ein Karussell, - immer schneller … Um halb sieben schleppe ich mich in die Küche, brauche einen starken Kaffee. Mein Smartphone vibriert. Aufgeregt bis zum Platzen melde ich mich. „Die Buben! Eben haben sie angerufen!"

Etwas Schöneres kann mir gerade niemand sagen. „Wo sind sie? Geht es ihnen gut?", bringe ich mühsam heraus, sinke auf meinen Schaukelstuhl und klopfe mit der freien Hand auf Dekicas breites Hinterteil.

Kaum kann ich fassen, was ich höre. Haben diese tollen Kerlchen es tatsächlich geschafft, ihre Kidnapper auszutricksen? Aber die werden ihnen folgen, … und dann? Eiskalt läuft es mir unterm Schlafanzug über den Rücken. Die Polizei weiß durch Bens Anruf, wo sie mit ihrer Suche ansetzen müssen, erfahre ich und schnaufe erleichtert tief durch. „Soll ich zu euch kommen, Ronja?", biete ich an.

Oh, das wäre superlieb. Aber erst in Ruhe frühstücken, Bitte keine Hektik! Eine mehr als eilige Morgendusche, Müsli im Stehen … Zehn Minuten nach halb acht fallen wir beiden Frauen uns in die Arme. Ja, jetzt heißt es nur noch: Warten. Geduld. Abwarten und Hoffen und Beten.

Dann klingelt es. Wir zucken heftig zusammen. Wer kann das so früh sein? Eine sympathische junge Polizistin möchte uns zeigen, wo die Fahndung nach den Zwillingen vermutlich ansetzen wird. Gebannt spähen wir auf ihren Bildschirm. Sie erklärt uns genau, in welchem Waldgebiet der Notruf der Buben abgegeben wurde. Spürhunde nehmen gerade mit Hilfe von Bens Rucksack die Spur der Zwillinge auf. Schätzungsweise im Lauf der nächsten halben Stunde dürften sie fündig werden.

Wieder fallen wir uns in die Arme. Dann schicken wir die Polizistin zurück zu ihren Kollegen, wo sie sicherlich dringender gebraucht wird. Wir beiden Frauen kommen allein zurecht. Und vielen Dank, weil sie extra gekommen ist.

Als wir uns am Küchentisch gegenüber sitzen und Beruhigungstee mit Gebirgshonig trinken, muss ich endlich mein Gewissen erleichtern. Ich entschuldige mich noch einmal in aller Form, weil ich nicht sofort Bescheid gesagt habe, als wir die Zwillinge in ihrem Versteck am Bach entdeckten.

Auf gar keinen Fall hätte ich mich von den beiden Schlitzohren beschwatzen lassen dürfen, gebe ich kleinlaut zu und schaue meinem Gegenüber fragend in die Augen, denen man die zwei schlaflosen Nächte deutlich ansieht.

Ronja gibt mir Recht: „Nein, auf gar keinen Fall hättest du das tun sollen, Sophie. Eigentlich müsste ich stinkwütend darüber sein. Ich kenne jedoch unsere zwei Schätzchen seit zehn Jahren allzu genau, jeden auf seine unwiderstehliche Zwillingsart. Ganz ihr charmanter Vater, stelle ich immer wieder erstaunt fest. Und weißt du was? Ich an deiner Stelle hätte mich genauso einwickeln lassen. Wie kann ich dir also böse sein, wo es sich doch um meinen eigenen missratenen und vor allem grässlich verzogenen Nachwuchs handelt."

Wir lächeln uns versöhnlich zu, und bei mir fällt er, der berühmte Felsen, - mitten aufs blaukarierte Tischtuch.

„Eins musst du mir allerdings noch erklären", sage ich. „Wieso wehren Ronny und Benny sich so vehement dagegen, mit ihrem überall bewunderten Vater in die Ferien zu fliegen? Noch dazu nach Südafrika, wovon doch wohl ihre sämtlichen Freunde bloß träumen können."

Die Zwillingsmama bringt ein feines Schmunzeln zustande. „Das fragen wir uns leider auch. Als sie jünger waren, konnten sie von ihrem geliebten Afrikahaus und ihren fröhlichen, oft farbigen Freunden dort nie genug bekommen. Für sie war es das Größte und Tollste, neben Mama und Papa im Flieger zu sitzen wie verwöhnte Mini-Prinzen. Plötzlich war das wie abgeschnitten. Verstehe einer seine Kids." Ein leichter Schatten huscht über das ausdrucksvolle Gesicht. Wir schweigen eine Weile, - jeder beschäftigt mit seinen Gedanken und Vorstellungen.

Nachdenklich schaue ich auf. „Kann es sein, die Jungen hätten gerne ihre Mama im Flieger mit dabei?", rutscht es mir raus. Ich beiße mir erschrocken auf die Lippen.

Ohne ein Zögern oder die geringste Verlegenheit kommt die Antwort: „Du triffst genau ins Schwarze. Haben die zwei so etwas angedeutet? Sie sagen halt beide knallhart ihre Meinung, vor allem unser ständig vorlauter, oftmals extrem kritischer Benjamin.“

Ich muss zugeben, ich habe es irgendwie gespürt. „Es geht mich natürlich nichts an“, lenke ich ein.

„Genaugenommen tut es das auch nicht. Doch es tut mir auffallend gut, mit dir darüber zu reden. Vielleicht gerade, weil wir uns bisher kaum kennen. Das kann gerade jetzt ein großer Vorteil sein.“

Ja, Kinder von sehr bekannten Leute haben es wegen ihrer Sonderstellung nicht unbedingt leichter als solche aus sogenannten `*normalen*´ Familien, stellen wir fest. Einerseits sind die Zwillinge stolz auf ihre erfolgreichen Eltern und nehmen es als selbstverständlich, weil es ihnen finanziell an nichts mangelt. Andererseits können sie mit Problemen bisher nur schlecht umgehen, weil es für sie noch niemals vorher nennenswerte Sorgen gegeben hat.

„Außer ihr vielbeschäftigter Papa, der viel zu wenig Zeit für seine tollen Jungen hat“, kann ich mir einfach nicht verkneifen. Sie zieht die Augenbrauen hoch. „Ja, das ist halt der Knackpunkt. Und wenn er sich dann welche nimmt, um mit ihnen in die Ferien zu fliegen, blocken sie neuerdings völlig ab und schalten betont auf stur. Weil sie nämlich Ferien nur mit einer heilen Familie gewohnt sind.“

Ich schaue sie erschrocken an. „Heißt das, … ähm, … ihr steckt in einer Art Krise?“ Ronja zieht die Augenbrauen noch höher. „Ja und Nein. Ich glaube fest daran, dass uns eine kurze Auszeit immer gefehlt hat. Deshalb habe ich es abgelehnt, diesmal mit in Südafrika zu sein, obwohl mir das schwergefallen ist.“ Ich schaue ihr abwartend in die Augen.

„Tja, euren Söhnen fällt es ähnlich schwer, das zu akzeptieren? Richtig? Lieber tauchen sie ab und verstecken sich vor den Eltern, als ein Kinder-Machtwort zu sprechen."

Ronja zwingt sich zu einem Lachen. „Dieses Machtwort sprechen sie gerade auf ihre ganz besonders eigenwillige Art. Ihrem Papa werden heftig die Ohren klingeln, auch wenn er noch keine Ahnung hat, was genau hier im Moment abläuft." Ich glaube es ja nicht. „Äh, wie? ... Du hast es ihm noch nicht gesagt?" Sie verzieht die Mundwinkel. „Nein! Sonst säße er jetzt längst im Flieger heimwärts. Und das würde unser Problem nicht wirklich lösen, denke ich."

Wir sehen uns an. „Lass uns also dafür beten, dass eure Jungen heil zurückkommen dürfen. Alles andere findet sich dann, nicht wahr?", versuche ich ihr Mut zu machen.

„So sehe ich es auch. Danke! Vielen Dank, liebe Sophie!"

Wir zwinkern uns zu, als wären wir uralte Freundinnen.

KAPITEL 7: RONNY

Ein neuer vergeblicher Versuch. Der Riegel rührt sich kaum einen Millimeter. Reiß dich zusammen, Ronald! Ich fühle mich jämmerlich klein und schwach in diesem wichtigen Moment. Denn von mir, diesem Ronald, und meinem Hammer hängt es jetzt ab, ob wir hier wegkommen, bevor die Typen wieder auftauchen. „Du mistiger Scheißriegel, beweg dich doch endlich!“, heule ich. Er rutscht gefühlte zwei Millimeterchen. „Du lieber, guter Riegel …“ Das hilft! Ja, es HILFT!!! Sehr langsam, aber immer ein Stückchen zur Seite kann der Hammer ihn schieben, bevor ich mit meinem stolzen Siegerlächeln meinem Bruder die offene Tür und mein gefundenes Werkzeug präsentieren darf. Wir geben uns Fünf - mit seiner linken Hand. Das Daumenpflaster sieht eklig blutig aus. Aber ein neues will er gerade nicht. „Schnell, wir machen das Loch wieder zu!“, drängt er. „Die sollen sich mal schön wundern, wie wir hier rausgekommen sind aus ihrer stinkenden Bruchbude.“

So gut es geht schieben wir den losen Balken zurück in seine Öffnung. Ich darf ihn mit dem Hammer festklopfen. Ein bisschen vergammeltes Stroh davor, … So, fertig!

„Den Riegel darfst du wieder vorschieben“, grinse ich. Doch sogar zu zweit ist das im Stockfinstern ein Kraftakt. Trotz Hammer, denn zu laut dürfen wir nicht klopfen.

Erschöpft stehen wir schließlich vor der verrammelten Tür. Wenn jetzt bloß nicht die Kerle noch auftauchen!!!

Wir haben es plötzlich mächtig eilig, von diesem Schuppen wegzukommen. „So eine komfortable Hotelsuite brauchen wir nie wieder“, lästert Ben und hängt sich meinen Rucksack um. Mit dem Hammer drin, - wer weiß, wofür wir den noch brauchen?? Ich nehme die Taschenlampe und die Proviant-Tüte.

„In welche Richtung?“, frage ich unsicher. „Auf den Mond zu?“, schlägt er vor. Der steht da als zunehmende schmale Sichel vor uns über den schwarzen Bergen. Wir gehen los und geben uns Mühe, uns ohne Licht durch den dunklen Wald zu schlagen. Die leuchtendgelbe Plastiktüte verstauen wir vorsichtshalber im Rucksack, nachdem wir uns Mut angetrunken und den Schokoriegel geteilt haben. Ich lasse das köstliche süße Zeug langsam auf der Zunge zergehen und fühle mich so was von frei. Nach nicht mal fünf Minuten tauchen die Scheinwerfer hinter uns auf.

„Runter!“, zischt Ben. Wir pressen uns flach auf den Waldboden und rühren uns nicht. Von weitem hören wir die zornigen Stimmen. Mein Herz ist völlig aus dem Takt. Wenn die uns hier finden … „Ganz ruhig!“, flüstert es in mein Ohr. „Ist viel zu finster. Die hauen gleich wieder ab.“

Na gut, von `gleich´ kann keine Rede sein. Irgendwann entfernen sich Scheinwerfer und Motorengeräusche in die entgegengesetzte Richtung. Nur zögerndes Aufatmen.

Wir warten noch eine lange, sehr bange Weile, ehe wir uns vorsichtig hochrappeln. „Los! Nix wie weiter!“, drängt mein Bruder. Wir stolpern hintereinander durch den Wald.

„Du, guck mal, Ron! Ist das ein Weg?“ Ben zeigt vor sich auf den Boden. „Sieht so aus. Und der führt direkt ein Stück bergan.“ Ich fühle mein Handy in der Hosentasche.

Auf einer kleinen Anhöhe, mitten auf einer Lichtung neben einem Futterstadel fürs Wild, probiere ich, ob ich richtig vermutet habe, und …

„Wir haben Netz! Juhuuu!“, jubele ich übermütig. Fix gebe ich Mamas Nummer ein. „Mailbox! Nee!“ Megaenttäuscht lasse ich meine Hand sinken. „Doch!“, flüstert Ben. „Um diese Zeit schlafen normale Leute. Sprich ihr drauf, Ron!“ Als ich zögere, schnappt er sich das Handy. „Mama! Hallo! Wir sind´s! Hörst du mich? Wir gehen gerade durch einen Wald. Wenn ´s hell wird, sagen wir dir Bescheid, wo du uns suchen kannst.“ Ich rufe hinterher: „Uns geht ´s ganz gut. Haben dich lieb, Mama!“ Ich schlucke meine Heimweh-Tränen eilig weg. „Nicht schlapp machen! Nicht jetzt! Nicht hier! Und nicht mitten in der Nacht!“, befehle ich mir streng. Beruhigt, weil Mama unsere Stimmen hören kann, wenn sie wach wird, marschieren wir den schmalen Weg entlang, der wieder ein Stück bergab führt. „Die lieben tausend Sternlein über den lieben großen Bergen, die zeigen uns den Weg“, summt Ben vor sich hin. Tja, aber wo wird dieser Weg deine armen kleinen Zwillinge wohl hinführen, du liebe Mama?

KAPITEL 8: DEKICA

Was ist los mit dem Frauchen? Mag sie ihre Hundchen auf einmal nicht mehr? Wenn die beiden hungrigen Vierbeiner sich laut bellend auf ihren vollen Napf freuen, meckert das gemeine Frauchen sie an, weil sie den nervigen Krach nicht verträgt. „Seid ihr hungrige Raubtiere, oder was?“ Sie trödelt ewig rum, bis sie die simple Dose geöffnet und gerecht verteilt hat. Ist Frauchen böse auf ihn oder Sonny? Er stupst sie mit seiner feuchten Nase ans Knie. Sie zuckt zusammen, schaut durch ihn hindurch, als wäre er gar nicht da. Endlich streckt sie beide Hände nach seinen weichen Schlappohren aus und knetet sie behutsam.
„Ihr armen Hunde! Hat euer böses Frauchen euch etwa vergessen? Oh, nein, meine Lieben. Das Frauchen ist nur mit ihren Gedanken ganz woanders. Wenn es doch den Zwillingen gut gehen möge! Ihr könnt euch ja nicht vorstellen in euren Hundeköpfen, welche großen Sorgen ich mir um die Buben machen muss. Und weißt du, mein treuer Dicki, was mich am meisten aufregt bei dieser ganzen verflixten, reichlich festgefahrenen Angelegenheit?“

Dekica spitzt die Ohren, legt die Stirn in seine typischen Denkerfalten und schaut Frauchen an mit seinen sanften braunen Augen. Ganz aufmerksam. „Du verstehst den Ernst der Lage, mein kluges Hundetier? Ja, mich nervt gewaltig dieser Zwillings-Papa. Der tolle Papa, der nicht da ist, wo er sein sollte. Genau jetzt ist er nicht da, wenn seine Söhne ihn dringend brauchen. Also die ganz feine Art ist das nicht für einen überall so beliebten Menschen. Begreifst du das, mein schlauer Hund? Da kannst du sagen, was du willst.“

Als ob er dazu etwas sagen könnte. „Wuff!“, macht er laut. „Wuff! Wuff, Frauchen!!“ Wie soll Dekica das verstehen? Er wedelt beruhigend mit dem Schwanz. „Aha. Du meinst, alles wird gut? Wenn du doch recht hättest, mein Dicki!“

Mit ihren Gedanken ist Frauchen längst wieder weit fort, während sie liebevoll den dunkelbraunen Hunderücken massiert. Ob die leckere fette Wurst Frauchens Gedanken verzaubert hat? Ihm tropft der Speichel von der langen rosa Zunge, wenn er nur dran denkt: an diese köstliche dicke Fleischwurst! Die netten Männer dürfen gerne wieder zu ihm kommen. Und auch die lustigen Jungen mit ihren zarten Streichelfingern. Warum hat Frauchen sie weggeschickt? Ob vielleicht Sonny die Antworten auf seine Fragen weiß? Aber was wissen Hunde schon von Menschenproblemen? Dekica ist jedenfalls froh, weil er auf seinen vier Beinen statt nur mit langweiligen zweien zur Welt gekommen ist.

KAPITEL 9: RONNY

Was ist das vor uns für ein leises Rauschen? Schnell wird es lauter. Nur Wasser kann so rauschen. Plötzlich ist Schluss mit dem Weg. Wir stehen vor einem schäumenden Gebirgsbach. Einem ziemlich breiten Bach sogar.
„Wie kommen wir da rüber?“ Suchen nach einer Brücke oder wenigstens einem Holzsteg. Fehlanzeige.
„Schwimmen?“, schlägt mein Zwilling vor und zieht sich Schuhe und Socken aus. „Voll witzig! Mach mal vor!“
Ich schüttle mich. Nee, ich will mich erst mal abwaschen. Ich knie mich ans Bachufer, schöpfe mir das klare, erfrischend kalte Bergwasser ins Gesicht und über die langen Haare. Reibe es mir in die übermüdeten Augen, nochmal und nochmal. „Du bist genau das, was ich jetzt brauche. Danke, du wilder Bach!“ Prustend schlürfe ich dieses köstlich erfrischende Getränk in mich rein, als ob ich halbverdurstet aus der Wüstenhitze käme. Ben macht es mir nach, verschluckt sich und kriegt einen Hustenanfall.
Ich klopfe seinen Rücken, bis auch er prustet: „Mir geht ´s deutlich besser. Schön kaltes Bachwasser zaubert müde Wanderer wieder fit!“

Besonders tief scheint dieser Bach nicht zu sein. Jedoch breiter, als wir gedacht haben. Vorsichtig treten wir auf die Ufersteine. „Nicht reinfallen, Ron!“, werde ich ermahnt. Hab ich auch nicht vor, Brüderchen. Schon stehen wir bis zu den Lederhosenbeinen mitten in der reißenden Strömung. Zaghaft balancieren wir los mit ausgebreiteten Armen, von einem dicken Unterwasserstein bis zum nächsten nur halb so dicken. Wie soll man da die Balance halten, wenn die starke Strömung uns die Beine wegziehen will?

„Ah! Autsch! Aua!“ Ich bin voll auf was Spitzes getreten. Verdammt! Tut das weh! Vor Schreck lasse ich einen Schuh fallen. Schon greifen die Wellen nach ihm, wollen mit ihm Fangen spielen. „He, Schuh! Stopp! Bleibst du hier, Schuh!“

„Schrei noch ´ne Nummer lauter, Mann!“ Ben reißt mir die Lampe aus der Hand. Der Lichtstrahl geistert über helle Schaumkronen auf nachtdunklen Wellen.

„Ich seh ihn!“ Fluchend hüpft und watet er meinem Ausreißer hinterher. „Hab ihn!“, höre ich und atme auf. Ein Ast mitten im Wasser hat meinen Schuh aus der Strömung aufgefangen. Nur wenige Meter vor einem Wasserfall.

„Schwein gehabt!“, seufze ich. „Ach, du, Benny!“ Megavorsichtig stakse ich weiter von Stein zu Stein. Wann bin ich endlich am anderen Ufer! Mit einer Verbeugung überreicht Ben ihn mir: meinen weggeschwommenen rechten Schuh. Ich kippe das Wasser raus, sitze auf einem Mini-Felsen, untersuche im Schein der Taschenlampe meinen rechten Fuß. Weh tut er, - ist aber kein Blut zu sehen. Nicht gerade gemütlich in einem pitschenassen Schuh. Die Socken habe ich zum Glück in die Jackentaschen gestopft. Warum musste dieser fiese spitze Stein mir genau da im Weg rumliegen? (*Garantiert der einzige weit und breit im ganzen Bach? Und warum musste ich Oberdepp genau auf den drauftrampeln? Typisch der dusselige Ronny mal wieder!!!*)

Schimpfend humpele ich hinter meinem Zwilling her. Der summt wieder vor sich hin. Hey, du mein tapferer Bruder! Ablenkungsmanöver? Haste nicht etwa Angst im finsteren Wald? Ich zucke bei jedem Knacken und Rascheln heftig zusammen. „Du, Ben? Gibt ´s … gefährliche Tiere hier im Dunkeln?“, rutscht es mir raus. „Keine gefährlicheren als im Hellen“, meint Benny. „Ein tollwütiger Rotfuchs vielleicht? Oder schleichen zwei hungrige Wölfe durch die Büsche?“ Ich schlucke. „Du bist voll fies, Bruder!“ Gleich schreie ich los! Als könnte er meine Gedanken lesen, stupst er mich an. „Zum Glück sind wir nicht in Kanada. Weißt du noch die Fotos von dem riesigen Grizzly? Direkt ans Fenster ist der gekommen von Papas Jeep. So krass!“

(*Und wie ich mich erinnere! Beim Gedanken daran kriege ich immer noch eine fette Gänsehaut. Genau das weiß er!*)

„Äh, aber … was ist mit Schlangen? Giftige, meine ich?“ Die schlafen im Dunkeln, werde ich getröstet. „Kreuzottern? Nee-nee, die werden bloß wach, wenn du mitten auf eine drauftrampelst, mein armer kleiner Ronny.“

Bilde ich mir dieses deutliche Zischen vor uns etwa ein? „Da … da drüben war eben eine!“, krächze ich hysterisch und renne los. Lachend holt mein Zwilling mich ein.

„Perfekt! So kommen wir wenigstens mal fixer vorwärts.“

(I*ch könnte ihm kräftig eine klatschen. Wozu? Bringt ja doch nix. Ist halt wieder mal typisch Benny-Lästerbacke.*)

„Deine Hose ist ziemlich nass geworden? Bei dem wilden Gehopse durch den Bach, meine ich. Danke übrigens! Ich dachte, den Schuh sehe ich nie wieder“, fällt mir ein.

„Trocken ist was anderes. Aber passt schon! Hält munter mit nassen Hosenbeinen“, macht Ben auf lässig. Wenn ich dich nicht hätte, geliebter cooler Läster-Zwilling! Dann dürfte ich fröhlich mit einem Schuh weiterlatschen. Und du mit trockenen Hosenbeinen. Hahaha! Wenn ich nur nicht so ein gemeines Loch im Bauch hätte! - (*Nicht dran denken*! *So schnell verhungert man nicht! Eher verdurstet man.)*

Jedenfalls unsere Wasserflasche ist wieder voll bis zum Rand. Diesmal mit köstlich-frischem Bachwasser. Hätte ich dran gedacht, ein Röhrchen mit Vitamin-Brausetabletten in meinen Rucksack zu stecken. Mir läuft das Wasser im Mund zusammen, wenn ich an den prickelnden Geschmack denke. Ich verkneife mir, das auch laut zu denken. Appetitmachen ist unfair hier mitten im Wald. Wenn wir wenigstens paar Bonbons dabei hätten … Gegen die Müdigkeit und einfach, um was im Mund hin und her zu schieben. Als könnte er wieder Gedanken lesen, zaubert mein Bruder zwei klebrige Hustenbonbons aus der Hosentasche. Ganz langsam lasse ich meins unter der Zunge auflösen und fühle mich ein bisschen mehr bereit für das, was noch auf uns zukommen wird.

Der Mond steht inzwischen hoch über uns. Viel Licht gönnt er uns nicht. Passt doch, meint Ben. Wir sind fast unsichtbar zwischen den dunklen Baumschatten. Irgendwann stoßen wir auf einen breiteren Weg. Eine Art Forststraße? Wie jetzt weiter? Rechts? Links? Geradeaus weiter auf dem schmalen Weg? Wir entscheiden uns, nach rechts abzubiegen. Hintereinander halten wir uns dicht am Wegrand, um bei Gefahr blitzschnell ins Unterholz abzutauchen. Mein Fuß schmerzt bei jedem Schritt. Bens Daumenwunde brennt höllisch, gibt er ungewohnt kläglich zu. Da müssen wir wohl oder übel durch alle beide. Wir machen uns gegenseitig Mut. Wann treffen wir endlich auf

Anzeichen von Zivilisation? Irgendwohin muss doch dieser dämliche Weg uns führen …

Zunächst führt er nur von einer Kurve zur nächsten. In immer neuen Serpentinen geht es bergab Richtung Tal. „Diese Hütte muss ziemlich hoch gelegen sein“, überlegt Ben. „Warum gibt es da oben wohl kein Netz? Wäre ich ein Funkloch, täte ich mich doch nie im Leben in so ´n erbärmlich miefendes Drecksloch verirren.“ Ich muss kichern bei der lustigen Idee. „Bist halt keins. Sei froh drüber, Brüderchen.“

Lachen baut auf, stelle ich fest und hätte gerne mehr Grund, laut los zu prusten. (*Würde Ben glauben, ich bin kurz vorm Durchdrehen? - Soll das nicht öfter Leuten passieren in solchen extremen Stress-Situationen?)*

Als wir beide die Faxen so richtig dicke haben und uns hinter das nächste Gebüsch schmeißen könnten, um niemals wieder freiwillig daraus hervorzukriechen, legt Ben plötzlich den Finger auf den Mund. Sein Pflasterdaumen zeigt zum Himmel. Jetzt höre ich es auch deutlich: Das vertraute Brummen. Ganz schön nahe.

„Die suchen uns, Ron!“ Ben macht einen Freudenhopser. „Der … der Hubschrauber?“ Kann ich noch klar denken? Das Brummen wird zum Knattern. Kommt näher und tiefer. „Das muss er sein! Mensch, Ronny! Jippieeh!“

In mir dreht sich alles. Ben richtet den Strahl der Lampe in die Baumwipfel. „Fuck! Das bringt sowieso null“, ärgert er sich, als das Knattern sich immer weiter entfernt.

„Wie soll man diese Mini-Funzel von da oben erkennen?“

Niedergeschlagen, den Wut-Tränen nahe, stehen wir da, schauen uns an. Wir müssen raus aus diesem endlosen

Wald. Nicht aufgeben! Bloß jetzt nicht schlappmachen!! Sind wir denn Weicheier, hey???

Sagen müssen wir nix. Ohne Worte reicht. Bei Zwillingen meistens. Wir quälen uns weiter. Fallen fast über unsere eigenen Füße auf diesem langweiligen, meganervigen Weg, der ins Nirgendwo zu führen scheint. „Sind wir hier am Arsch der Welt?“, mosert Ben los. Unser Opa würde ihm antworten: „Lieber am Busen der Natur als am Arsch der Welt.“ Ach, Opa, was nützt uns das jetzt? Nicht mal das bisschen Mondlicht kann uns aufheitern. Ich nicke fast im Stehen ein. Brauche dringend ´ne Schlaf-Pause. Unter den breiten Ästen einer Fichte rutschen wir sofort ins Reich der Träume weg, Rücken an Rücken gekuschelt. Jede Menge Unsinn von maskierten Typen mit Handschellen und Maschinengewehren, die uns mit schweren Ketten aneinander fesseln, spukt durch diese wilden Träume. Dann plötzlich ein ohrenbetäubender Knall!

Ich fahre hoch, weil Ben mich wachrüttelt. „Es hat gedonnert! Wach auf, Ronny!“ Ich blinzle benommen. Komme nur schwer zurück in diesen Wald. Ge - donnert?? Wieso?

Ist nicht eine Bombe explodiert? Da, ein Blitz! Kurz darauf wieder lautes Donnergrollen …

„Verflucht! Gewitter brauchen wir gerade gar nicht!“, schimpft Ben los. Gewitter waren noch nie mein Ding. Er kennt meine panische Angst. Dem Gewitter ist die egal. Rummms!!! Ich zucke heftig zusammen, verkrieche mich zitternd unter meiner Jacke. Kneife die Augen zu Schlitzen. Krach!!! „Hat irgendwo eingeschlagen“, vermutet Ben. „Nicht weit weg.“ Für ihn kein Problem. Ich presse beide Hände auf die Ohren. „In denen ihre Kidnapper-

Hütte“, wünsche ich mir. „Upps? … Bei den Gangstern? Logisch! Rumms-Bumms! Mitten rein ins Dach!“ Ben kichert los. „Wenn die nämlich jetzt da drinne sitzen und heulen über ihre zwei verschwundenen Kiddies. Gibt sicher ein super feines Feuer in denen ihrer Bruchbude. Da können die Schisser aber mal kräftig löschen.“

Ich muss zuerst loskichern und fürchte mich kaum noch.

Dann ist da so ein seltsamer Gedanke in meinem Hinterkopf. „Du, Ben! Wenn denen das gerade in echt passiert, das Feuer in der Hütte und so …“ Unsicher schaut er mich an.

„Wie … meinste das?“ Leise sage ich: „Sind dann wir dran schuld? Weil … das war doch eben wie so ´n böser Fluch.“

„Quatsch! - Äh, ja eigentlich …“ Er schluckt. „Nö, Ron! So hab ich das nich gemeint. Ehrlich nich. Ach, du, denen passiert schon nix Schlimmes. - Manno, Ron, machst du dir Sorgen.“ Schweigen. Ich fühle mich irgendwie unbehaglich. Sehe diese brennende Hütte deutlich vor mir. (*Du spinnst doch total, Ronald! Siehst glühende Gespenster, oder was? Ist doch alles okay!?)*

„Gewaltig! Schau doch mal, Ron! Wie Silvesterfeuerwerk, bloß ohne Farbe“, versucht Ben, vom Thema abzulenken. Schon pladdert der Regen los. Aus dichten Regentropfen werden Hagelkörner. Wir kauern uns eng zusammen hier unterm Baum, halten unsere Jacken über uns. Fieser Sturm ist aufgekommen. Es blitzt und blitzt. Donnert und donnert. Mal leiser, mal lauter. Mein unerschrockener Zwilling zählt mit zwischen dem Blitz und dem schnell folgenden Donner. Es sind nur wenige Sekunden. „Direkt über den Bergen vor uns steht das Gewitter“, erklärt er lässig.

Mir wird mulmiger als mulmig bei jedem neuen Blitz, der den Himmel über den steilen Felsen hell aufleuchten lässt. Gibt das vielleicht mal irgendwann Ruhe da oben?

„Hört gleich auf, Brüderchen. Der Hagel ist schon vorbei.“ Ein schwacher Trost. Ich will nur hier weg, mich zu Mama kuscheln, Augen und Ohren fest zu. Ben drückt mich an sich. „Hier passiert uns null. Und ´nen Vorteil hat ´s: Die Kerle suchen nicht weiter bei dem Sauwetter. Jede Wette.“

Das Donnergrummeln wird leiser, Blitze sind seltener, aber Sturm und Regen lassen nur langsam nach. Mir werden wieder die Lider schwer. Bin so was von tierisch müde.

„Wird ´s schon hell?“ Ben knufft mich. „Ron! Wir müssen weiter.“ Ich gähne meinen Zwilling an, reibe mir die Augen. „Jajaja! No Hektik!“ Das Unwetter hat sich verzogen. Mond und Sterne leider auch? Für jeden ein hartes Stück Frühstücks-Brötchen, eine halbe matschige Banane, eine paar Chips zum Nachtisch. Dazu vier große Schlucke frisches Bachwasser aus unserer Plastikflasche.

„Schau mal, die dicken Wolken reißen auf.“ Ben zeigt zu den Baumwipfeln. Langsam verblassen die Sterne. Wird es allmählich Morgen über den Bergen? Wie spät mag es sein? Meine Uhr zeigt 4:41. „Zu früh zum Aufstehn!“, brummelt Ben. „Haha! Aber mich wecken! Schlafen wir halt weiter.“ Denkste! `Weiter-Weiter-Weiter!! heißt unser Zauberwort. Auch im Halbschlaf kann man irgendwie vorwärts trotten. Fast automatisch bewege ich meine Füße. Setze einen Schritt vor den anderen. Wie eine Comic-Roboterfigur?

„Heb trotzdem die Hufe, Ronnylein, bevor du stolperst." Ben stupst mich aufmunternd in die Seite. Sollte das witzig klingen? Ist uns das Lachen längst tief in die Lederhosentaschen gerutscht? Probieren wir ´s doch. Ich krame ein paar uralte Witze aus dem Hinterkopf. Nee, die sind jetzt eher nicht der Brüller. „Hä-hä! Selten so gekichert!", knurrt Ben ungnädig, weil ich über meine dämlichen Witze lospruste. (*Obwohl ... eigentlich muss ich mich selber dazu zwingen.*)
„Humor ist, wenn man ´s trotzdem macht!", fällt mir Opas Spruch ein, wenn er der Oma einen Gefallen tun soll.
„Oder: Haste keinen Bock, versuch ´s mit ´ner Ziege, hi-hi!"
Ben brummelt: „Boah! Lieber heimlich schlau als unheimlich doof!" Wir müssen beide lachen und zitieren noch mal den Opa: „Mit Recht schimpft unser Kakadu, rufst du ihm zu: Du Kacker, du!" Wer sagt ´s denn? Lachen ist eben doch die beste Medizin. Sogar in der miesesten Lebenslage.

Mein Fuß im noch feuchten Schuh ist inzwischen richtig schön warm geworden. Auch wenn es in der Ferse manchmal noch fies sticht, ist es ganz gut auszuhalten.

„Brauchste mal ´n neues Pflaster?", erkundige ich mich.
„Später! Brennt nicht mehr so schlimm. Erst schaffen wir noch ´ne Strecke", bestimmt Ben. Parole: „Ay-ay, Sir!" Weiter geht´s! Immer einen Fuß vor den anderen …

In meinem Bauch fängt es an zu kullern. Das wenige Frühstück meldet sich. Nach ein paar Schritten wird daraus ein überdeutliches Rumoren und bald ein unangenehmes Kneifen. Ich brauche ein Klo! Dringend! Ben rät mir, fix in den Büschen zu verschwinden. „Äh, wenn mich wer sieht …" Ben packt mich an den Schultern und schiebt mich seitwärts. „Spinner! Gleich marschiert hier ein ganzes Nonnenkloster vorbei und will dir zugucken. Mach endlich hin!!“

Zuerst kommen nur zwei lange, nicht gerade leise Furze. Ich höre Bens nervöses Kichern. Die mussten sein, Bruderherz! Das Tempotuch in meiner Hosentasche zum Hintern-Abwischen ist jetzt wie ein Geschenk. Über meinen voll dicken Haufen schubse ich welkes Gras, Blätter und Zweige. Wie erleichtert kann man sich danach fühlen! Dasselbe sagt Ben, denn schon bald muss auch er sich kurz ins Unterholz verabschieden. Seine drei langen Furze hinter den Büschen sind nicht weniger geräuschvoll als meine zwei! Hihihi!

„Man sollte immer Klopapier im Rucksack haben!“, sind wir uns einig.

„Wie wär ´s mit ´ner Runde singen? Zum Beispiel den Song, wo alle nach Klopapier schrien“, fällt mir ein. „Das lenkt ab beim Marschieren. Hab ich mal gehört.“

„Singen? Marschieren? Hach, das war dein bester Joke, Bruderherz. Wortloses Schleichen? Das trifft unsere Gangart eher.“ Trotzdem fängt er nach zwei Minuten an, leise eine Melodie zu singen. Ich nehme sie auf, und tatsächlich: Unsere Schritte werden gleichmäßiger, fester, sicherer ohne dieses scheußliche Darmkneifen. Auch selbstbewusster?

„Im Gleichschritt Marsch!“, befehle ich und bin direkt so was ähnliches wie happy. Weil wir deutlich leichter vorwärtskommen im Rhythmus der Lieder, von denen uns meistens nur die erste Strophe einfällt. Sogar `Kling Glöckchen!´ singen wir kichernd, - als Quatschform von den Gespenstern draußen vorm Fenster. Und `Oh, Tannenbaum!´ mit der Oma und der Feuerwehr. Und dabei fühlen wir uns gleich ´ne Ecke besser, trotz unserer nassen Klamotten und meiner immer noch eklig klitschnassen Haarsträhnen.

An zwei Handtücher haben wir Schlauköpfe nämlich nicht gedacht, als wir unsere Rucksäcke gepackt haben. Und das eine in Bens Rucksack - neben dem Bett bei Sophie - nützt uns jetzt leider überhaupt nix.

Auf meinen nassen Haaren fühlt sich Bens Cappy richtig gut an. Damit ich mir keinen Schnupfen hole, hat er gemeint und sie mir aufgesetzt. So müsste die Mama uns sehen.

(Der Papa in Südafrika auch? Nee-nee, der eher lieber nicht, - oder ... vielleicht doch?)

„Ob nach der nächsten Kurve dieser endlose Wald mal langsam aufhört?“ Das fragt Ben jetzt schon zum fünften Mal. Haste dir gedacht! Nicht nach dieser, nicht nach der nächsten. Auch nicht nach der dritten und vierten …

Wir zählen sie zweistimmig. In der sechsten Kurve bleibt Ben ruckartig stehen, - ich renne ihm voll in den Rücken.

„Au! Pass doch auf! Manno, Ron! Wir sind durch!“

Ich schlucke an circa einem halben Liter Freudentränen. „Echt? Wirklich? Durch diesen bescheuerten Dauerwald?“ Meine Stimme ist nur noch ein Krächzen. Wir fallen uns um den Hals. Laufen los. Rennen bis zu den letzten Bäumen. „Stopp!“, kommandiert Ben plötzlich. „Weiter nicht! Zu gefährlich.“ Wir hocken uns ins weiche Gras, erschöpft wie fünftausend Mann nach einem endlosen Fünfzig-Kilometer-Geländemarsch.

Ich gehe keinen Schritt mehr weiter. Davon bin ich felsenfest überzeugt. Und wenn ich den ganzen Tag am Waldrand rumhängen muss. Raus aus den feuchten Schuhen, mit den Zehen wackeln, die Füße kneten. Ein unbeschreiblich tolles Gefühl, nicht länger vor uns hin zu trotten wie müde Esel in der Tretmühle. Ben zieht mich unter die tiefhängenden Zweige eines hohen Nadelbaums. Ein gutes Stück weg vom Fahrweg, auf dem in der regennassen Morgendämmerung jederzeit ein Auto vorbeikommen könnte. Ein klappriges dunkelrotes? (*Oh, nein, du lieber Gott, bitte nur das nicht!!! Tu uns das nicht an! Nicht nach der Scheißangst und dem Megastress in diesen langen, langen, viel zu ewig langen Stunden.*)

Wir peilen unter unserem schützenden Baum hervor in den idyllischen Morgen. Hellgraue Schleier steigen aus dichten Bergwäldern. Bleiben an hohen Gipfeln hängen wie dünne Mützen. Zerrupfte weiße Wattewölkchen schweben langsam durchs Tal. Und wir hocken hier im Versteck und lauern mit Bauchgrummeln und Herzpochen auf zwei fiese Typen. (*Irgendwie passt das nicht zusammen. Will nicht in meinen Kopf rein. So absolut krass ist dieser Gegensatz!*)

Wir sehen Wiesen vor den bewaldeten Bergen. In deren mächtigen Felszacken liegen noch Schneereste. Und auf der anderen Seite … Sind das nicht einzelne Häuser?

„Soll das ein Dorf sein?“, überlege ich, während mein Herz noch lauter zu klopfen beginnt. „Mit Menschen in den Häusern? Menschen, die uns bestimmt helfen können?“

Wir gucken uns ratlos an. Aber auch voller Hoffnung.

Ohne den Schutz der Bäume fehlt uns halt jede Deckung.

Können wir uns rauswagen auf die große Wiese vor uns? „Ich heiße Willibald-Ottokar, der Dritte, wenn die Kerle uns nicht suchen wie heiße Stecknadeln“, murmelt Ben.

„Ruf die Mama an! Sag ihr, wir warten mal lieber ab am Waldrand. Die Polizei hat garantiert dein Handy längst geortet.“ Unsere Mutter atmet tief auf, - das kann man direkt hören, wie tief. „Oh ja, ihr bleibt exakt da, wo ihr gerade seid. Bitte seid super-vorsichtig! Es darf jetzt auf gar keinen Fall noch
irgendetwas schieflaufen. Ist euch beiden das sonnenklar?“

Ach, Mutter! Sind wir Babys mit ´nem dicken Windelpopo? „Okay, Mama! Alles bestens! Mach dir keine Sorgen mehr. Bitte!“ Dann drücke ich sie mal besser fix weg.

(Ansteckende Mutter-Tränchen am Telefon? Nee-nee-nee, die kann ich jetzt kein bisschen leiden.)

KAPITEL 10: RONNY

Auf dem Bauch liegen wir reichlich unbequem hier im gewitternassen hohen Gras, stützen die Arme auf, beobachten mit meinem kleinen, aber scharfen Feldstecher gespannt die Umgebung. „Schau mal, da hinten führt die Straße ins Dorf“, erkenne ich. „Jedenfalls ´ne Art breiter Feldweg.“

Ben nimmt mir eilig den Feldstecher ab. Er zeigt auf einen großen grünen Traktor mit Anhänger, der langsam in unsere Richtung tuckert und dabei reichlich Lärm produziert. Ein Mann mit Schlapphut sitzt darin, daneben zwei Kinder und ein ziemlich großer Hund.

Auf halber Strecke biegt der Trecker ab und verschwindet zwischen den blühenden Wiesen mit einigen Obstbäumen darin. Wie ruhig alles ist am frühen Morgen, stellen wir fest. Wie frisch gewaschen sieht die Welt aus. Müsste heute nicht heiliger Sonntag sein?

„Äh? … Kann sein“, murmelt Ben - und zuckt zusammen. Das sind eindeutige Motorengeräusche. Und sie kommen aus dem Wald, direkt hinter uns. Blitzartig packt er meine Schultern, drückt meinen Kopf auf den Waldboden, mitten hinein in lila Disteln. Autsch!! Ah!!! Die pieken! Ich beiße mir auf die Unterlippe, um nicht voll los zu quietschen.

Ben taucht dicht neben mir ab. „Runter! Null Bewegung!“ Mit unverkennbar lauten Klappergeräuschen rumpelt ein schlammverspritzter Geländewagen unter den Bäumen heraus, hält direkt auf das Dorf zu. Wir rühren uns nicht, halten vorsichtshalber sogar mal kurz die Luft an.

„Das klingt hundertpro wie dieser verdammte Gauner-Karren“, wispert Ben mir dann ins Ohr. „Kannst du Kennzeichen und Farbe erkennen? Und wer da drinne sitzt?“

Mir flattert der Magen. „Ähm, … so genau nich.“ Ist ja auch kaum nötig. Wer sollte wohl sonst in diesem elenden klapprigen Dreckskarren so unchristlich früh unterwegs sein? Und aus diesem blöden `*Zauberwald*´ herausfahren?

„Die hätten uns voll geschnappt ohne Deckung“, stöhne ich. Kriege kaum Luft vor Entsetzen, wie nahe wir diesen Gangstern sind. „Nö, haben sie aber nich, die Scheißer.“
Ben grunzt zufrieden. „Hätten die ´ne blasse Ahnung, wie dicht sie uns gerade auf den Fersen sind.“
Ich gluckse los, bis zum Platzen angespannt: „Nö, haben sie aber auch nich, die Vollpfosten. Dafür haben wir ihr Kennzeichen. Fast jedenfalls.“ Eine Null war hinten bei den drei Zahlen. Und ich habe ein E erkannt unter dem Dreck. Das glaube ich jedenfalls. Oder ein F? Und sicher auch ein H!

Die Sonne steht bereits ein ganzes Stück höher und hat die dunklen Wolken der Nacht längst vertrieben, während wir weiter nur blöd herumliegen, auf den Feldweg und das Dorf starren und allmählich trockener werden. „Wie lange sollen wir denn noch warten, warten, warten?“, mosert Ben mich an. (*Als ob ich was dafür könnte, Junge! Geduld, Geduld, Geduld, Brüderchen! Irgendwann müssen sie uns ja finden.*) Ich drehe mich betont gelangweilt auf den Rücken.

Zwei winzige Flugzeuge blitzen in den Sonnenstrahlen über den Bergen. Ihre Kondensstreifen lösen sich schnell auf. Das eine scheint gerade zwischen zwei Zacken mitten im Berg zu verschwinden, in einer dicken Wattewolke.

„Muss ziemlicher Wind gehen da oben“, vermutet Ben.

Oh, ja, alle die weißen Wolken haben es eilig. „Schau, da fliegt ein Kamel mit drei Höckern. Ist das hinter ihm ein Fisch mit übergroßen Fransenflossen?“, frage ich.

Ben sieht hinter dem höchsten Berg langsam einen schneeweißen, zerzausten Drachen aufsteigen, der eine Maus vor sich her jagt. Ein Papagei mit einem langen dünnen Hals und zerzaustem Löckchen-Kamm segelt aufs Mäuslein zu. Mit seinem dicken Schnabel will er ´s dem Drachen wegklauen. Der Wind zerrt unsere Wolkentiere zu immer neuen Wundergebilden auseinander. Mein Handy lässt sie schnell für uns lebendig bleiben, damit wir sie später der Mama zeigen können. Wir merken kaum, wie eilig die Minuten es haben. Noch eiliger als unsere zerzausten Wolkenbilder.

„Jetzt würde ich sogar Mutters Eiswasser mit Hollersirup ertragen“, seufzt Ben. Beim Spezial-Durstlöscher unserer Mutter driftet der Zwillingsgeschmack nämlich deutlich auseinander. „Tierisch Lust hätte ich auf ´n Champignonschnitzel.“ Ich seufze: „Ne Lasagne würde mir schon reichen. Mit dick Gouda-Käse drauf. Wenn in dieser Pampa doch irgendwo wenigstens ein Getränkeshop wäre.“

„Und ´ne nette Fischbrötchenbude mitten auf der Wiese. Jajaja. Träum schön weiter, Ron!“ Mache ich doch gerade und lecke mir dabei über die aufgesprungenen Lippen.

„Für mich bitte einen Spezial- Früchtebecher. Extra groß! Mit viel Sahne und ´nem doppelten Schuss Eierlikör.“

Da schleppt man sein Geld im Rucksack mit sich herum, und weit und breit ist nix als tote Hose! Wir schaukeln uns gegenseitig hoch mit unseren Lieblingsessen. Mit eiskalten Drinks, Kuchenstückchen, Schokokeksen, Schnuckzeug.

„Lieber Fanta-Sie als Cola-Du“, fällt mir gerade ein.

„Nee, lieber ´ne Cola, du! Scheiß auf Fantasie. Mensch, Ron, als hätten wir seit Wochen nix zu mampfen gekriegt“, stellt Ben frustriert fest. „Mir kommt ´s noch länger vor.“ Ich krame die Chips-Tüte aus meinem Rucksack. Wir teilen uns den Rest bis zum letzten Minikrümel. „In der Not frisst der Teufel Fliegen!, sagt die Oma doch immer.“

Ben schafft sein gemeines Grinsen: „Im Dschungelcamp, da dürfen sie sogar leckere Würmer und köstliche Maden fressen … Ach, Brüderchen, irgendwann müssen sie uns doch hier wegholen! Soll´n wir total versauern?“

Und dieses *`irgendwann´* ist sogar ziemlich dicht bei uns. Ein tiefes Brummen nähert sich über den Bäumen. Dieses Brummen klappert kein bisschen, es knattert, - und es nähert sich hoch über uns. Wird rasch lauter, taucht am Himmel auf, hält auf die Häuser in der Ferne zu. Ein dunkelgrüner Hubschrauber. Sieht nicht nach Polizei aus. „Bundesheer? Ist hier in der Nähe ein Truppenübungsplatz“, grübelt Ben. Der Hubschrauber scheint in der Luft zu stehen, dreht plötzlich ab nach Südosten auf die Sonne zu, fliegt eine große Schleife, bis er nach nicht mal zwei langen Minuten hinterm Dorf verschwunden ist. Abgetaucht in den Morgendunst.

„Verflixt!!! Weg sind sie!“ Ben ballt die Fäuste vor Wut. „Hätten wir uns doch bemerkbar gemacht. Irgendwie!“, jammere ich los. Schluss mit dem letzten Rest Beherrschung! „Ich will hier weg! Einfach nix anderes als weg! Mama, hol uns ab …“ Ich kneife mich fest in den Daumen. *(Anti Weichei-Tränen? Das hilft bei mir meistens. Bloß ist jetzt halt gerade nicht `meistens´.)*

„Halt die Klappe, Jammerlappen!“, knurrt Ben mich an, guckt mir dabei nicht in die Augen. Wir denken schweigend nach. Dann sagt er entschlossen: „Falls die wiederkommen, rennen wir auf die Wiese und machen einen Indianertanz. Dabei müssen sie uns doch erkennen. Egal, ob Polizei, Bergrettung oder Soldaten oder peng-bumm."

„Ach, ja?? Und die Typen im Klapperauto erkennen uns gleich mit? Nee, darfst gerne für mich mit tanzen. Ich bleibe unterm Baum in Deckung. Punkt und Peng und Basta!"

Wir fangen an, die Sekunden mitzuzählen. Bei Hundertfünfzig stellen wir meine Stoppuhr zurück auf Start.

Bei Fünfhundert schreit Ben laut los: „Scheiße! Scheiße!! Scheiße!!! - Ich gebe auf!" Ich kann ihn kaum beruhigen. Als nach einer gefühlt endlosen Viertelstunde ein zweiter Hubschrauber über dem Dorf auftaucht, versuche ich vergeblich, meinen Bruder zu bremsen, bevor er aufspringt, raus auf die Wiese sprintet und da wie ein Blöder herumhampelt. Er reißt beide Arme hoch, wedelt hysterisch mit seiner Cappy und schreit wie am Spieß. Hundert Punkte, denke ich, denn der Pilot scheint zur Landung anzusetzen. Deutlich tiefer sinkt der Hubschrauber, fliegt noch eine kurze Schleife - direkt in unsere Richtung …

Träume ich das etwa wieder nur? Ein sehr lauter, höllisch knatternder Traum? Langsam, viel zu langsam für die angespannten Ronny-Nerven, geht er senkrecht runter, setzt auf. Keine dreißig Meter vom Waldrand. Die Rotorblätter kommen allmählich zum Stillstand. Wie übergroße horizontale Flügel sehen sie jetzt aus. Es wird still auf der Wiese. Und auch in meinem Kopf ist absolute Funkstille. Mechanisch schiebe ich meinen Haarsträhnen-Vorhang hinters Ohr. Wie durch dichten Nebel sehe ich zwei Männer mit einem großen Hund aus dem Cockpit klettern und die Umgebung mit Feldstechern absuchen. Ich sehe meinen Zwilling heftig winkend auf sie zustürmen. Keuchend bleibt er nur wenige Schritte vor ihnen stehen, streckt beide Arme nach ihnen aus.

Nee-nee-nee, das ist kein Traum! Erst jetzt erwache ich zum Leben. Meinen Rucksack schleife ich hinter mir her, während ich renne, als müsste ich einen Hundertmeterlauf gewinnen. Ich erkenne eine Art Poster, das der eine Mann hochhält. Sehe Ben eifrig nicken. Der andere Mann, mit einem dunklen Oberlippenbart, kommt mir mit energischen Schritten entgegen. „Dann musst du mit den langen Haaren der Ronald sein, richtig?“ Ich kann nur japsen: „Der … Ronald? Äh, ja, … ja klar bin ich der. Der Ronny halt.“

Er schüttelt mir lächelnd die Hand. „Hi, Ronny! Ich bin Peter. Und das da drüben sind Philipp, euer Pilot, und unser Spürhund, der Hasko. Wir sind sehr froh, euch heil und munter wiederzufinden, Ronny!“ Ich schlucke und bringe nur ein heiseres „Ähm, … Vielen Dank, Philipp und Peter!“ heraus. Dann kullern sie los bei mir: dicke, dicke Tränen, - peinliche, aber dringend notwendige heiße Glückstränen. Wir fallen uns in die Arme. „Danke, Ronny! Danke!“

Jetzt schnieft auch mein Zwilling und hält mich ganz fest. „Upps, wofür denn Danke?“, schluchze ich.

„Frag nicht so blöd!“, heult er los. Nanu? Reichlich Benny-untypisch, denke ich gerührt und muss umso stärker heulen.

Aber dann wischen wir uns gegenseitig die Tränenspuren weg und bedanken uns ungewohnt verlegen, aber dafür ausgesucht höflich bei den beiden Männern in ihren schmucken dunkelblauen Uniformen. Die sehen uns schweigend zu und wissen anscheinend nicht recht, was sie gerade dazu sagen sollen, - direkt nach dieser gelungenen Rettungsaktion von diesen beiden so erstaunlich gleichen Zwillingen.

Von den zwei Ausreißern? Nein, eher von den zwei gekidnappten Buben, die sie schon seit Stunden gesucht haben. Wie die berühmten Stecknadeln mitten im Heuhaufen. Und die hier vor ihnen stehen. Hundemüde, jedoch gesund, reichlich verdreckt und natürlich zu dicken Glückstränen gerührt.

Bevor wir in die Pilotenkanzel klettern dürfen, berichten wir unseren beiden Rettern so knapp wie möglich von dem dunkelroten Geländewagen, den wir vorhin auf seinem Weg ins Dorf beobachtet haben. Dieses Dorf liegt da wie ausgestorben. Nicht mal Kinder kommen herangelaufen, um den Hubschrauber zu bestaunen. Recht ungewöhnlich finden das auch die beiden Männer. Allerdings könnte das bedeuten, dass die Insassen des Geländewagens gerade nichtsahnend und laut gähnend in der Küche sitzen und ihren Frühstückskaffee trinken, ohne den Hubschrauber zu beachten.

Viel Schlaf dürften unsere armen Entführer in den letzten Nächten ja auch nicht gehabt haben. Zufrieden grinsen wir uns zu und klatschen uns mehr als zufrieden ab.

„Sowieso! Selber schuld!“, meint Ben trocken. Er stellt sich wohl gerade die geschwollene Nase plus die blutigen Abdrücke seiner bissigen Zwillingszähne in der Hand von zwei gewissen Kidnappern vor.

„Ihr vermutet darin also tatsächlich diese beiden Männer, die euch eingesperrt haben?“, werden wir ausgefragt.

„Jede Wette!“ Das kommt wie aus der Pistole geschossen. „So ´n Klapperteil in Dreckig-Rot gibt es nur einmal.

Das Kennzeichen hat drei Zahlen, hinten eine Null, und zwei Buchstaben, ein E und ein H?“ Unsere Retter heben die rechten Daumen. „Prima, ihr cleveren, jungen Detektive!“

Wir grinsen uns schräg an. Noch sitzt uns die Angst zu tief in den Knochen, um befreit aufzuatmen bei diesem Lob.

„Ich kann mir schwer vorstellen, wie diese Gangster sich jetzt seelenruhig eine Runde schlafen legen“, überlegt der Bärtige, den wir Peter nennen dürfen.

„Denen müssten doch die Nerven durchgehen wie wildgewordene Pferde, wenn ausgerechnet am Sonntagmorgen ein Polizei-Hubschrauber beim Dorf auftaucht. Oder haben sie inzwischen einfach aufgegeben und suchen schon längst nicht mehr nach euch?“, fragt sich sein Kollege Philipp.

„Zuzutrauen wäre es den Schwachköpfen“, meinen wir und fühlen uns allmählich wieder deutlich selbstbewusster, als es endlich heißt: „Willkommen in unserem Flight Deck! Seid ihr schon mal im Helikopter mitgeflogen?“

Wir nicken begeistert. „Klaro! Papas Überraschung zu unserem zehnten Geburtstag. Ein toll weiter Rundflug über Südafrika. War volle Kanne krass! Und mega-mega-heiß!“

Die beiden schauen sich kurz an. Erstaunt? Bewundernd?

`Tja, Leute, ihr habt auch nicht unseren berühmten Vater´, sagt mir Bennys lässiger Stolzer-Sohn-Blick.

Schade, die coolen Helme dürfen wir uns leider nur mal zur Probe aufsetzen. Die sind für die Besatzung, damit die sich in der Luft bei dem Lärm untereinander verständigen können. Wir dürfen uns stattdessen Kopfhörer aufsetzen, damit wir sofort anfangen können mit Erzählen. Hasko liegt schon brav in seiner Hunde-Box, scheint uns erwartungsvoll anzuschauen. „Der versteht euch genau“, schmunzelt Peter.

Dann geht es senkrecht ab in die Luft. Über dem Dorf dreht der Pilot eine kleine Ehrenrunde. Und tatsächlich: Neben der Scheune von einem Bauernhof am Dorfausgang steht er, der dunkelrote Geländeflitzer. Sogar von hier oben ist die Schmutzschicht an beiden Seiten deutlich auszumachen. „Perfekt, ihr Super-Zwillinge!! Na, ihr cleveren Jungen, wenn das mal keine mehr als glühend-heiße Spur sein soll!“, meldet Peter uns nach hinten.

Der Co-Pilot schießt mit seiner Spezialkamera mehrere Erkennungsfotos. Die Buchstaben H und F oder E auf dem verdreckten Nummernschild sind von oben leider mehr zu raten als zu erkennen. Zu sehen ist nur ein mittelgroßer, dunkler Hund an einer langen Kette vor einer Hundehütte, der gelangweilt zu uns heraufschaut. Eine Frau mit einem Eimer geht eilig über den Hof und verschwindet hinterm Haus, ohne nach dem Hubschrauber zu gucken. Knatternd steigt der Helikopter mit seiner wichtigen Fracht endlich höher. Die Pilotenhand am Steuerknüppel lässt uns schnell vorwärts fliegen. Weit weg von dem endlosen Wald. Und von unserem *`feinen Fünf-Sterne-Hotel´* mitten in der Pampa.

Ein Gefühl ist das!!! Wir, die frisch geretteten Zwillinge, als VIP! Ich atme tief durch, fühle mich happy wie ewig nicht. Tja, ich komme mir nämlich eher *`großartig´* vor anstatt *`very important´* neben unseren beiden Rettern in ihren schmucken blauen Uniformen. Aber nicht lange. In meinem Magen fängt es plötzlich an zu rumoren. Nicht bloß so ein bisschen. Nee, ganz eklig und gemein! Ich presse beide Hände auf den Mund. „Mensch, Ron! Reiß dich zusammen!“, ranzt mein Bruder mich an. „Kotz denen bloß hier nicht die Bude voll!“

He, und wie der Ronny sich zusammenreißt! Warum wird es mir meistens in der Luft so fies kotzig? Ich atme gegen das wilde Würgen an, will es energisch wegschlucken. Beide Hände fest auf den Bauch drücken, … das hilft mir sonst immer … (*Na gut, fast immer jedenfalls.*)

„Lassen wir diese beschissenen Ganoven jetzt einfach so laufen?“ Bennys aufgeregte Stimme kommt wie durch einen Nebel. Ich reibe mir die Augen. `Einfach so laufen?´, dröhnt es in meinem Kopf. Nee! Wie jetzt? Wieso das denn? Schon ist mein Bauchgrummeln wie weggepustet.

„Die Kerle können wir doch nicht …“, platze ich raus.

„Oh, keine Sorge! Eure netten Kidnapper entwischen uns auf keinen Fall. Versprochen!“, werden wir sofort vertröstet. „Doch so einfach dürfen wir es denen nicht machen. Nicht hier und nicht heute. Das muss `*TOP SECRET*!´ bleiben. Ist euch das klar, Jungs? Vorläufig zu niemandem ein Wort!“

Wir nicken ernsthaft. Dann erzählen wir abwechselnd in unsere Sprechanlage: Wie rotzig frech Ben in der schäbigen Hütte geworden ist. Wie er den einen Kerl fest in die Hand gebissen und dem zweiten seine Faust mitten auf die dicke Gauner-Knolle geknallt hat, dass sie blutete wie Sau.

(Hechelt der Hasko da nicht seine volle Zustimmung?

Jedenfalls seine Braunaugen leuchten hell auf. Voll krass!)

Wie wir durch das Schweizer-Messer-Mini-Loch in der Bretterwand abhauen konnten und uns nachts im Wald verstecken mussten, als wir das Auto kommen hörten.

Wie wir stundenlang unterwegs gewesen sind mitten in der Gewitter-Nacht. Vom Schuh im Bach. Auch von meiner Schlangen-Panik und dem Hubschrauber über den Bäumen.

Schmunzelnd hören die Beamten sich unsere Story an.

„Perfekt, ihr zwei Mordskerle! So Leute wie euch können wir in zehn Jahren gut gebrauchen", werden wir ein zweites Mal gelobt und laufen direkt ein bisschen rot an vor Stolz. (*Auch wenn es bis dahin ja noch eine dicke Ewigkeit dauert. Aber davon träumen?? Das dürfen wir doch schon mal …*)

Und stolz wie Filmhelden klettern wir wenig später aus dem Helikopter. Ich mit reichlich weichen Knien und noch leichtem Bauchkullern. Außer unserer Mutter erwartet uns niemand. „Auch hier top secret?", fragen wir erstaunt, bevor wir alle drei losheulen wie die Schlosshunde bei unserem Wiedersehen. Das heißt allerdings nicht, wir dürfen sofort mit Mama nach Hause fahren. Im Gegenteil!

In unserem Ort weiß es nämlich bisher noch niemand.

Also von unserer Rettung. Nicht mal der Tim und seine übereifrige Suchtruppe.

Zunächst müssen die Kidnapper aufs Kreuz gelegt werden, heißt es. Und die sollen sich noch in Sicherheut glauben.

„Aber wie soll das gehen?", fragt Ben. Das Stichwort heißt *`Lösegeld'*, sagt man uns nur kurz und bündig.

Diese anscheinend drei, oder vielleicht auch mehr, selten dusseligen Gauner gehen vermutlich immer noch davon aus, uns auf der Flucht zu erwischen, erfahren wir von einem älteren Polizeibeamten. Sie wollen uns offenbar ein zweites Mal schnappen und an einem anderen Ort einsperren, falls unsere Eltern nicht bereit sind, für die Freilassung ihrer Zwillinge zu bezahlen. Also sollen die Kidnapper sozusagen auf frischer Tat ertappt werden. *(Und wie soll das laufen? Wir sind riesig gespannt. Es geht schließlich um uns*!)

Trotzdem: Mehr erfahren wir nicht. Da hilft auch kein schleimendes Zwillings-Betteln, schmunzelt unsere Mutter und drückt uns beide gleichzeitig liebevoll an sich.

Nachdem wir uns glückstrahlend von Philipp, Peter und ganz besonders vom Hasko verabschiedet haben, bringt die Mama uns auf dem kürzesten Weg zu unseren Großeltern. Unterwegs will sie sofort haargenau wissen, was ihre armen tapferen Zwillinge erlebt haben und wie sie sich ganz alleine durchschlagen konnten. Sie ist uns nicht direkt böse, nur enttäuscht natürlich. Einfach ohne ein Wort abhauen? Nein, das ist eben keinesfalls die feine Zwillings-Art!!

Und überglücklich ist sie, weil uns nichts Schreckliches zugestoßen ist und ihre Sorgen sich langsam in Luft auflösen dürfen. Allerdings muss zuerst die Geldfrage geklärt sein.

Aufatmen dürfen wir nicht, bevor unsere Kidnapper alles gestanden haben und in Untersuchungs-Haft sitzen.

„Wieviel Lösegeld sind wir euch eigentlich wert, Mama?“, wollen wir wissen. Denn Mama hat uns von dem Erpresserbrief berichtet, den sie bereits gestern im Briefkasten fand. Den kann sie uns leider nicht zeigen, weil sie ihn der Polizei überlassen musste. Aber sehenswert war dieses Schreiben. Fast wie von Schulanfängern. Regelrecht primitiv.

„Logisch! Passt super!“, meinen wir. „Diese Vollidioten haben nicht nur einen leichten Lattenschuss“, knurrt Ben verächtlich. „Und das wollen Profi-Kidnapper sein!?“

Wir sollen deren Forderung schätzen und kommen auf die abenteuerlichsten Zahlen. Unsere Mutter kann wieder herzlich lachen. „Ihr Prinzen meint wohl, euer königlicher Herr Vater hat einen fleißigen Dukatenesel im Stall? Nein, mit `*nur*´ mickrigen fünfzehntausend Euro sind wir dabei!“, sagt sie. Und wir spüren, wie sie innerlich knabbert an dieser Zahl. „Aber wo … äh, … kriegen wir die her?“, frage ich. „Nirgends!“, lacht Ben mich aus. „Denkst wohl, die kriegen nur einen müden Cent, diese Drecksäcke?“ (*Ich schlucke, komme mir mal wieder vor wie ´s unglaublich naive Baby.)*

KAPITEL 11: BENNY

Für morgen Mittag ist von den Kidnappern die Geldübergabe gefordert, erklärt Mama uns, während wir Omas frischgebackenen Kirsch-Streuselkuchen und die köstlich-süße Vanille-Schlagsahne in uns reinstopfen. So als hätten wir wochenlang gefastet. Dabei wollen wir gerade anfangen, mit vollem Mund zu berichten. Doch es klingelt.

„Das muss er sein." Opa macht eilig die Haustür auf. „Wer?? … Der Kidnapper?", rutscht es dem Ronny raus.

Großes Gelächter. Oh, nein! Es sind ein junger Kommissar und seine Begleiterin. Er stellt sich uns vor als Oliver Weinreich und sie sich als Olivia Panzer. Beide schütteln zuerst uns Zwillingen die Hand. Klar! Den beiden Hauptpersonen in diesem super-spannenden Entführungs-Krimi.

Erst danach sind die Nebenfiguren dran: Mama, Oma und Opa. Dann bittet der Kommissar uns, ihm ein paar äußerst wichtige Fragen zu beantworten.

„Es geht euch doch inzwischen wieder gut?" Er lächelt uns fragend zu. „Logisch!", grinse ich für Ronny mit.

Der starrt die beiden Besucher immer noch mit offenem Mund an. Werden wir jetzt etwa auch berühmt? Wie unser Papa? Weil wir drei schmierigen, geldgierigen Kidnappern entwischt sind? Abwechselnd antworten wir dem Oliver-Kommissar, während seine Kollegin ihr Aufnahmegerät die ganze Zeit mitlaufen lässt und uns öfter zuzwinkert.

Huch? Kommt jetzt alles drauf, was wir denen erzählen? Denn zum dritten Mal berichten wir mit leuchtenden Augen, wie ich als todesmutiger Zwilling herumgebrüllt, um mich gebissen und geboxt habe. Bis die Mistkerle vor uns buchstäblich mit blutender Nase die Kurve gekratzt haben.

(Äh, ja, vor dem Ronny-Schisser halt eher nicht. Aber meine blöde Angst gehört wohl nicht direkt hierher?)

In den Augen von dem Herrn Weinreich und unseren Großeltern blitzt es immer wieder belustig auf. He, so witzig war das auch gerade nicht. Hört sich nur hinterher irgendwie komisch an, diese dämliche Ausreißerei und verfluchte Entführerei und das Abhauen aus der verdammten Bruchbude.

Bei unserem nächsten Stichwort *`dunkelrotes verdrecktes Gelände-Klapperauto´* unterbricht uns die Kommissarin. „Das habt ihr tatsächlich wiedererkannt? Aus der Luft?“

„Bingo!“ Ich nicke mit meiner Mister-Cool-Ben-Miene. „So ´n Klapperkarren fährt kein zweiter rum im Umkreis von zehntausend Kilometern.“

Die Erwachsenen haben Mühe, ernst zu bleiben bei diesem ernsten Thema. Vor allem die Sophie, die inzwischen zu unserer Runde gestoßen ist. Nicht ganz freiwillig, glaube ich. Aber sie gehört halt entscheidend dazu, wegen *`Anstiftung zu unserer Flucht´*, wie das heißt. Daher muss sie wohl oder übel mit zur Vernehmung antreten, hat sie zur Begrüßung gemeint und dabei nicht so fröhlich ausgeschaut wie sonst. *(Upps! Wird sie voll den Ärger bekommen? Wegen UNS?)*

Das muss ich jetzt unbedingt wissen. Denn, nee, das haben wir nicht gewollt. Wo sie uns doch so toll helfen wollten. Sie und ihre beiden Hunde. Aber die können halt der Kripo nix aussagen. Der Kommissar beruhigt uns. Erst einmal hätte er gerne unseren Bericht zu Ende gehört.

Diesmal erzähle ich von Ronnys schwimmendem Schuh und dem Hubschrauber über den Bäumen, der doch unsere Taschenlampenfunzel im Dunkeln unmöglich sehen konnte. Wie megasauer wir danach waren. Und Ron ergänzt, wie er über den Hammer gestolpert ist, Und wie er damit endlich den doofen Riegel aufkriegen konnte. Und wie er sich große Sorgen gemacht hat um meinen brennenden Daumen unter dem eklig-blutigen Pflaster. Und wie wir im Unterholz unbedingt mal eine Runde schlafen mussten, und was für einen bescheuerten Quatsch wir beide zurechtgeträumt haben.

Und wie wir dringend ein Klo gebraucht hätten, - denn, ja, das gehört eigentlich auch dazu, oder? Und wie endlos viele Serpentinen-Kurven dieser dreimal verflixte Wald hatte.

Der Kommissar unterbricht unsere anscheinend richtig spannenden Erlebnisse selten mit kurzen Zwischenfragen. Irgendwann sind wir fertig und schielen nach Omas Kirschkuchen. Der Oliver Weinreich glaub ich auch.

Die Kollegin schaltet schmunzelnd das Aufnahmegerät aus und wendet sich uns zu. „Wir danken euch herzlich für so eine Menge Details über eure Entführung, ihr Super-Zwillinge. Das klingt ja wirklich wie der reinste Krimi. Nicht zu glauben, wie ihr das alles gemeistert habt,

so ganz alleine.“ Ihr Kollege meint, - und ich bilde mir ein, das klingt direkt bewundernd: „Eure Kidnapper haben garantiert im Traum nicht mit zwei so cleveren Burschen wie euch gerechnet. Sonst hätten sie niemals gewagt, sich ausgerechnet euch als Opfer auszusuchen. Davon sind wir überzeugt. Stimmt doch, Olivia?“ Sie nickt lachend.

Ich werfe mich in die Brust. „Tja, WIR ZWEI mal wieder, was, Ronny?“ Er grinst mir etwas schräg zu. „Du meinst, der Benjamin mal wieder.“

Ich boxe ihn liebevoll in die Seite. „Ach, Quatsch, Bruder. Gemeinsam sind wir unausstehlich! Nur im Doppel sind wir stark und unbesiegbar.“ Dabei smile ich in die Runde, und tatsächlich klatschen alle kräftig. Am meisten der Opa.

Dann müssen wir gemeinsam das jetzt noch anstehende wichtige Thema der Lösegeld-Übergabe planen. Und da ist es die geniale Sophie, die den mega-genialen Vorschlag auspackt: Wir alle, das heißt auch sie und sogar unsere Mama, sollen dabei sein, wenn die Kidnapper in die Falle gehen.

„ICH?? Ausgerechnet als die Mutter? Wie denkst du dir DAS denn, Sophie?“ Unsere Mutter verdreht die Augen.

(Nanu? Hat sie etwa Angst?? Doch nicht vor solchen schwächlichen, miesen Klein-Gauner-Typen?)

Der Oliver-Kommissar antwortet an ihrer Stelle: „Gut! Wir sollten von folgender Vermutung ausgehen: Die beiden Männer werden auf keinen Fall selber zu dieser Übergabe erscheinen. Sie haben hundertprozentig noch einen oder zwei Helfershelfer, die sie vorschicken. Die werden keinen von den hier Anwesenden persönlich kennen. Höchstens von unscharfen Fotos, falls die Gangster so gerissen waren, - was wir jedoch kaum vermuten.“

Ich falle ihm aufgeregt ins Wort: „Völlig hirnamputiert sind die! Nicht mal zwei und zwei können die zusammenzählen.“ Ron nickt lebhaft. Tomatenrot ist er vor Aufregung.

„Wenn ihr euch da mal nicht täuscht, ihr Zwillinge", meint der Kommissar und schlägt vor, wir müssten auf jeden Fall in perfekter Verkleidung auftauchen. Falls wir wirklich unbedingt zu diesem wichtigen Termin anwesend sein wollen. „Wir wollen! Unbedingt!!", tönt es prompt dreistimmig, denn auch die Sophie scheint wild entschlossen, ihren Fehler eigenhändig wieder gut zu machen. Obwohl unsere ängstliche Oma kein bisschen glücklich ist bei dem Gedanken. Weil sie uns bereits im Kugelhagel von hundert schwerbewaffneten Gangstern sterben sieht.

„Omalein, was sein muss, muss sein!", sagen wir zweistimmig und sehr energisch. „Wir haben für jede Lösung ein Problem!", schmunzelt der Opa und grinst uns listig zu.

Sofort stecken wir alle Mann die Köpfe zusammen, Halten eifrigen Kriegsrat. Mit vollen Kirschkuchen-Schlagsahne-Mündern. Erst jetzt fällt uns der Typ wieder ein, der uns die quietschgelbe Plastiktüte mit dem Frühstück gebracht hat. Der Dünne mit dem Oberlippenbart und dem Hinkebein.

Kommissar Oliver vermutet also richtig: Das muss die Nummer DREI sein. Wird DER zur Übergabe des Lösegelds auftauchen? Auch Olivia ist davon felsenfest überzeugt.

„Könnt ihr den Mann näher beschreiben?", fragt sie. Aber da müssen wir leider passen. „Der war so fix wieder weg. Ich kann mich nur erinnern, wie er sein eines Bein auffallend nachgezogen hat beim Gehen. Das haben wir durchs Fenster erkannt", erinnert sich Ben. „Ich glaub, der hatte dunkle Haare." - „Bingo! Aber unter ´ner Halbglatze", ergänze ich.

KAPITEL 12: BENNY

Von meinem `*Logenplatz*´ habe ich alles fest im Blick. Hier oben im Lastwagen eines Unternehmens für Holzfachhandel in Nordtirol. Der Kommissar Weinreich neben mir auf dem Fahrersitz hat die Videokamera eingeschaltet. Von direkt gegenüber, aus dem halboffenen Fenster des grauen Mehrtonners mit Anhänger, zwinkert uns die Olivia unauffällig zu. Über der Tankstelle und dem angrenzenden LKW-Parkplatz glüht die Mittagshitze …

Doch der Sonnenbrillen-Dame im eleganten cremefarbenen Hosenanzug mit dem breiten Sonnenhut und der passenden Handtasche scheint eher kühl zu sein im Schatten unter dem hohen Baum direkt neben dem Tankstellen-Asphalt.

Ihr großer, schwarz-braun-gescheckter Jagdhund schnüffelt ausgiebig um den Baumstamm herum. Der scheint eine Art Hunde-Stammbaum zu sein. Sein liebes Frauchen hat reichlich Geduld mit Hundchens Dauer-Schnüffelei. Sie streichelt ihm immer mal liebevoll den Rücken, rückt ihre auffallend große Sonnenbrille zurecht und schaut in kurzen Abständen auf ihre glänzende Armbanduhr.

„Noch eine Viertelstunde“, murmelt mein Nachbar gerade. Da biegt ein kleiner, unauffälliger dunkelblauer Seat-Alto zum Tanken ein. Eine schlanke, salopp gekleidete Frau mit grünem Kopftuch steigt lässig aus. Sie lässt Super 95 in den Tank laufen, geht zum Bezahlen und putzt danach in aller Seelenruhe rundherum die reichlich schmutzigen Scheiben ihres vollgetankten Seat. Jede ihrer Bewegungen registriere ich haargenau. Sie ist so eifrig bei der

Sache, dass sie ihre Umgebung kaum wahrzunehmen scheint.

Doch plötzlich geht sie mit wenigen Schritten zu einem Papierkorb in der Nähe, wirft etwas viereckiges Braunes hinein, dreht sich sofort zurück zu ihrem Seat. Gerade biegt ein silbergrauer VW-Polo neben ihr ein, der schon bessere Zeiten gesehen hat. Ach ja. Und diese Kopftuch-Frau?

Na, die hat es aber jetzt auffallend eilig, den Wassereimer abzustellen, in ihren sauberen Seat zu steigen und mit quietschenden Reifen davonzubrausen, ohne sich umzusehen.

Einmal volltanken, dann schlendert der dünne, in schmuddelige blaue Jeans und passende Jacke gekleidete Polo-Fahrer mit einer schwarzen Kappe und der dunklen Sonnenbrille betont langsam rein zur Kasse. Zieht er sein linkes Bein deutlich nach? Mit einer kleinen Cola-Dose kommt er zurück. Er fährt seinen Polo rüber auf den Parkplatz neben einen langen gelben LKW aus Holland, steigt umständlich aus, geht sehr langsam auf eine Bank neben dem Verkaufsraum zu. In aller Ruhe setzt er sich dort hin. Betont unauffällig …

„Ganz jung ist der nicht mehr“, meint Kommissar Oliver neben mir. Der Schwarzkappen-Typ kratzt seine dunklen Bartstoppeln, schaut immer mal wieder kurz, aber auffällig unauffällig durch die Gegend und trinkt zwischendurch - nur Schlückchen weise - an seiner Cola rum. Drei Minuten, vier Minuten, fünf Minuten … Noch ein Schlückchen aus der Dose und noch einmal Bartkratzen. Brille absetzen, Brille aufsetzen … Kappe absetzen, Seine freie Hand fährt über die wenigen Haare. Kappe aufsetzen. Nervös??? …

„Der hat vielleicht die Flatter! Und ordentlich rasieren hätte er sich auch dürfen vor seinem großen Auftritt", stellt Oliver Weinreich mit leichtem Augenzwinkern fest und rückt seine Baseballkappe zurecht. Beim Dauer-Filmen ist sie ihm dauernd im Weg. Aber sie abnehmen? Oh, nein!

„Der isses?" Ich rutsche unruhig auf meinem Sitz herum. Bin zum Zerreißen gespannt wie ein Flitzebogen. Diesen schmierigen mageren Typen haben wir doch schon gesehen. Das weiß ich hundertpro. Dunkler Oberlippenbart? Halbglatze? Irgendwie klingelt da was in meinem Kopf. Quietschgelbe Plastiktüte? Genau das muss ich natürlich dem netten Oliver-Kommissar sofort sagen.

„Das kann ich mir denken nach eurer Beschreibung von gestern", brummt der. „Davon darfst du jedenfalls zu neunzig Prozent ausgehen: DER da ist unser dritter Mann!", höre ich und bin plötzlich zum Platzen aufgepowert wie noch nie.

Wo zum Teufel steckst du, Zwilling? Hab ´s kaum zu Ende gedacht, da erscheint von der anderen Seite ein schwarzer Schäferhund-Mischling. Den führt ein Mädchen an einer langen Leine. Oder führt eher dieser Hund das Mädchen?

Voll krass sieht die Kleine aus mit ihren geflochtenen rotblonden Mini-Zöpfen, im kniekurzen bunten Sommerkleid. Dazu leuchtend-weiße Sandalen und hellgelbe Söckchen.

Nur jammerschade: Sie ist Brillenträgerin. Der Hund zerrt Richtung Pipi-Baum, wo die elegante Hosenanzug-Dame immer noch mit viel Geduld ihren großen, schwarz-braungescheckten Schnüffelhund herumführt und oft streichelt. Vorbei an der Bank mit dem Cola-Mann will der Schäferhund, obwohl das Sommerkleid-Mädchen ihn mit aller Kraft zurückzerren möchte. Schafft sie aber nicht so ganz.

Der lustige Schwarzbraungescheckte hat soeben Seinesgleichen entdeckt und wedelt dem Neuen freudig entgegen.

„Als ob die sich gut kennen? Hihihi!“, kichere ich los.

Wenn ich doch raus könnte aus diesem engen Führerhaus, in dem sich trotz Klimaanlage die brütende Hitze allmählich unangenehm breitmacht und meine Hände und Füße schweißnass werden lässt. Hier stört mich sogar meine blaue Cappy über den Haarstoppeln. Also mal kurz runter damit!   Tja, und raus darf ich dann sogar schneller als erwartet.

Der schmuddelige Jeans-Cola-Typ steht nämlich auf, als soeben Mädchen und Hund an der Bank vorbeikommen, und will seine leere Mini-Dose in den Papierkorb schmeißen.

Er schaut sich kurz nach allen Seiten um. Ach nee? Sucht er was da drinne im Müll? Schon hält er was Viereckig-Kackbraunes in der Hand und schiebt das Teil so fix unter seine offene Jacke, so fix kannst du gar nicht hingucken. Manno, warum hast du es denn auf einmal so eilig, Kerl? Willst du nicht wenigstens mal reingucken, was da drin ist in diesem viereckigen, kackbraunen Teil?

Nee-nee, das will er lieber nicht. Mit zehn großen Schritten nähert er sich seinem Polo … der schwarz-braungescheckte große Hund von der anderen Seite seinen schmutzigblauen Hosenbeinen. Der kräftige Rüde hat es nämlich genau jetzt mächtig eilig, diese nette schwarze Hündin zu beschnüffeln. Sein überlaut schimpfendes Frauchen zerrt er hinter sich her. Schon tanzen beide Hunde

schrill kläffend um ihre deutlich hilflosen, tierisch genervten Frauchen herum.
Irgendwie sind - plötzlich und unerwartet - zwei sehr lange Hundeleinen um zwei dünne Jeansbeine gewickelt …
Und zwei ganz unterschiedlich große `Damen´ zerren wie wild an diesen Leinen. Kein Wunder, wenn der arme Mann, der dummerweise in diesen Jeans steckt, jetzt festhängt wie in einem Schraubstock. Warum der wohl so herumbrüllt?

Kein Wunder, wenn die elegante Dame zornig zurückschreit. Muss sie sich das gefallen lassen? Sie fuchtelt ihm mit ihrem freien Arm vor der Nase herum, schwenkt die Handtasche im weiten Bogen. Dabei stößt sie - (*Uppsi! Tja, wohl so ganz aus Versehen!)* - an die offene Jeansjacke.

Hey, Leute, was fällt denn da heraus? Ist das der Dame aber irre peinlich! So ein perfektes Hunde-Chaos aber auch!

Oh, pardon! Nicht böse sein aufs Hundefrauchen, bitte!

So sorry! Schon bückt sich das hübsche Mädchen, um dem armen Mann das kackbraune Viereck wieder aufzuheben, allerdings in Mega-Zeitlupe …

Oberlippenbart schreit Sommerkleid anscheinend voll an. Die Kleine zuckt erschrocken zurück und hält das kackbraune Teil prompt auf ihren Rücken.

Nanu? Da ist ja auch diese Kopftuch-Seat-Frau!

Wo kommt DIE denn so plötzlich wieder her???

Direkt hinter dem Mädchen steht sie, - wie vom Himmel gepurzelt, - und nimmt ihr fix das kackbraune Teil ab.

Und noch mal Nanu?? Ich beuge mich aus dem inzwischen weit geöffneten LKW-Fenster. Von meinem wundervollen `*Logenplatz*´ gucke ich sozusagen mitten ins dramatische Geschehen hinunter.

Direkt hinter dem mit tiefer Stimme sehr laut, sehr unfein fluchenden Jeans-Typ stehen, - wie aus dem Tankstellen-Boden gewachsen, - zwei kräftige Männer in unauffälligen mausgrauen Anzügen …

Schon hat der Jeans-Typ nicht nur gefesselte Hosenbeine. Er fährt herum, schäumend vor Wut, als es um seine Hände eindeutig `Klick!´ macht. Wer hat sie ihm denn so fix auf den Rücken gedreht? Ungläubig wie ein verwundertes Kleinkind starrt er in die Runde. Das muss er wohl erst verdauen? Vor Schreck rülpst er laut. Oh, Schreck! War seine vorläufig garantiert letzte kalte Cola vielleicht etwas zu eiskalt für seinen unruhig flatternden Gaunermagen?

Und jetzt hebt auch noch der Rüde sein linkes Bein.

„He, du dummer Hund, du willst doch nicht etwa …?“ Klar, genau das will er! Wie gezielt pinkelt er einen langen Strahl auf das eine der speckigen Jeansbeine. Freudig schlägt er danach mit seinem Schwanz dagegen. Sieht es nicht fast so aus, als würde er zufrieden grinsen über seinen gelungenen Streich? „Bravo, du kluger Hund! Das hat der Kerl verdient.“ Wir lachen uns zu und heben die Daumen. Dem zutiefst entsetzten, leider völlig wehrlosen Jeans-Kerl hat es anscheinend restlos die Sprache verschlagen.

„Künstlerpech, du mieser, dreckiger Mistkäfer!“, rutscht es mir laut raus. Einfach so. Das musste sein!

„Oh weh!! Behalte das lieber für dich, Benny!“, ermahnt mich Oliver - und zieht dabei die Mundwinkel weit nach oben. Mit hübsch gekühlten Handschellen kann man halt keinem frechen Mädchen und erst recht keinem munter kläffenden, pipimachenden Hund den Hals umdrehen. Haha! Strafe muss sein, wenn man liebe kleine Jungen klaut!!

Wie gerne würde ich diesem Typen genauso meine Faust zwischen die Gangsteraugen knallen. (*Mache ich ´s eben in Gedanken mal fix. Aber die behalte ich auch lieber für mich. Logisch, Herr Kommissar!)*

Dafür kann ich mich jetzt vor Lachen kaum noch bremsen. „Los, Zwilling! Raus mit uns!“ Mein LKW-Fahrer reißt sich mit einem Ruck die Baseballkappe runter, und mit einem großen Satz sind wir beide die Stufen runter und sprinten auf den Polo zu. Lachend umarmen wir Zwillinge uns, bevor ich dringend das Beweis-Selfie schießen muss von Benjamin und Ronina, meiner bildhübschen Brillen-Schwester.

Der Kommissar gratuliert Dekicas piekfeinem Frauchen zu ihrem bühnenreifen Auftritt und gibt dem süßen kessen *`Zöpfchen-Mädchen´* schmunzelnd Fünf. Wir winken dem unauffällig-grauen PKW der Zivilstreife hinterher, die eben die Tankstelle mit ihrem ungläubig und völlig frustriert dreinschauenden, äußerst unfreiwilligen Fahrgast verlässt. „Dem hätte ich zu gerne voll ins Gesicht gespuckt“, sagt das *`brave Mädchen´* neben mir. „Bingo! Warum haste es nicht gemacht? Voll auf seinen ekligen schwarzen Bart!“

„Als Mädchen? Nee-nee! Die machen doch so was nicht“, ist die Antwort. „Ach, mein Ronnylein!“, seufze ich, obwohl ich weiß, dann sieht er rot. (*Normalerweise. Tut er heute aber nicht. Brave Mädchen machen das halt nicht …*)

Hahaha, meine wunderschöne Ronina!

„Und was wird mit den eigentlichen Kidnappern?“, möchte die Seat-Frau wissen, die jetzt, ohne ihre dunkle

Sonnenbrille, unserer Mutter nicht nur verteufelt ähnlich sieht und ihre Söhne fest im Arm hält. Den Mädchen-Ronny im rechten, mich im linken, … als wollte sie ihre Zwillinge niemals wieder loslassen.

Die Kripo-Kollegen sind im Moment bereits nur wenige Kilometer vor dem bewussten Dorf mit dem angegebenen Bauernhof und dem dunkelroten Geländewagen, verrät uns der Kommissar. Wir drücken fest die Daumen, damit dessen Besitzer nicht längst ausgeflogen sind. Aber in dem Fall dürfte es relativ einfach sein, sie schnell aufzuspüren.

Dieser anscheinend auch nicht allzu intelligente Jeans-Typ wird im Verhör garantiert bald *`singen´*, - wie man das in Gaunerkreisen irgendwie passend ausdrückt.

Bis zur endgültigen Entwarnung allerdings sollen wir Zwillinge besser unseren geliebten Großeltern Gesellschaft leisten. Oh, nichts schöner als das!! Wir geben uns Fünf.

Mit dem coolen Seat-Alto wollen Mama und Sophie uns zu ihnen fahren. Aber nur, wenn beide Hunde sich auf dem Rücksitz gut vertragen. Ihre wohlverdiente Wurst-Ration bekommen sie natürlich erst später. Zu Hause bei ihrem sehr erleichterten Frauchen, damit es keinen Fleischwurst-Streit zwischen den zwei gierigen Feinschmeckern gibt.

Wir Zwillinge machen tellergroße Augen, weil ein allzu bekanntes weißes Auto in Opas Einfahrt parkt. Und riesengroße Kulleraugen, als uns im Hausflur zwei starke Arme auffangen und uns so festhalten, als wollten auch sie uns nie im Leben wieder loslassen.

„Oh, Papa!!“ Ron seufzt in Papas rechten Ärmel.

„Oh, Papa!!“ Ich seufze in Papas linken Ärmel.

Papa hält seine unbekannte neue `Tochter´ ein Stück von sich weg. „Na, mein besonders großes Kompliment, junge Dame! Sie sind wirklich eine wahre Schönheit.“

Mein Zwilling hat prompt Tomatenzeit im Gesicht, bis runter zum Hals. Aber dann prusten wir alle zusammen los. Ronny muss äußerst eilig wieder zum Jungen mutieren. Der neue Name `*Ronina´* gefällt ihm nicht. Würde mir genauso gehen. Das heißt, ich hätte mich sowieso nie als Mädchen verkleiden lassen. Na gut, Ausnahmen sind Ausnahmen. Und Notfall ist Notfall. Und das heute war zugegeben ein echter. Nie hätte ich gedacht, dass mein Hosenschisser-Zwilling dabei so voll cool auftritt. Hat er sich vorhin vielleicht als angehender Schauspieler geoutet? Doppel-Wow!

Dann bestürmen wir unseren Vater mit tausend Fragen.

„Mal hübsch langsam, ihr Ausreißer! Sind wir lieber alle erst mal glücklich und erleichtert, weil wir jetzt zusammen hier sein dürfen. Und bevor ich eure Fragen beantworte, stelle ich euch natürlich erst einmal meine. Ist das sonnenklar, die Herren?“ - „Ay - ay, Sir! Sonnenklar wie immer!“

„Zum wievielten Mal erzählen wir jetzt eigentlich gerade unsere Entführungsstory?“, überlegt Ronny und fängt sofort damit an, wie vor einer gefühlten Ewigkeit Sonnys Spürnase uns am Bach-Haus erschnuppert und Sophie-Frauchen uns da oben auf dem zugewachsenen Balkon entdeckt hat ...

Unser Vater hört uns zuerst mit unbeweglicher Miene zu. Bei meinem Faustschlag auf die Kidnapper-Nase rutscht es ihm raus: „Wisst ihr jetzt wenigstens, warum wir euch zum Judo schicken?“ Wir zwinkern uns zu. Wer hätte erwartet, wie schnell wir durch unsere Übungsstunden Gelegenheit haben würden für einen Ernstfall? Meinen weißen, bestickten Gürtel werde ich ab sofort mit besonderem Stolz tragen.

„Als nächstes lernen wir Karate. Und Boxen!“, kann ich mir nicht verkneifen. Ronny grinst breit wie ein Vollmond: „Klar doch!! - Für wenn die nächsten Kidnapper kommen.“

Unsere Mutter mischt sich sofort ein: „Hört auf damit! Das Thema kann ich nicht mehr hören. Kapiert ihr das nicht?“

Unser Vater beruhigt sie mit seinem typisch-verschmitzten Ben-Ole-Lächeln: „Keine Sorge, Ronja-Schatz. Soviel ich weiß, ist die gesamte europäische Gangsterwelt bereits vorgewarnt vor unseren temperamentvollen Judo-Zwillingen. Die versucht uns keiner mehr ungestraft zu entführen.“

Zu gerne würden wir dir das glauben, liebster Papa!

Nee-nee!! Ein zweites Mal brauchen wir nämlich nicht!!!

Je länger wir mit Händen und Füßen erzählen, umso mehr entspannt sich Papas ernstes Gesicht. (*`Tja, das hast du dir nicht gedacht, was du für pfiffige Zwillinge hast, Papa?´ Das denke ich aber lieber bloß und kann mir mein spöttisches Grinsen nur schwer verkneifen.)*

„Hast du eigentlich gar keine Angst gehabt als wehrloses Mädchen auf Tuchfühlung mit dem Gangster?“, wendet der Papa sich an Ronny, sobald wir fertig sind mit Erzählen. „Der hätte immerhin bewaffnet sein können.“

Ronny überlegt kurz. „Angst? Nöö! Wozu? Hattest du doch auch nicht, Mama, wie du direkt neben dem seinem vergammelten Polo an der Zapfsäule gestanden hast.“

Mama meint: „Angst? Darüber habe ich kein bisschen nachgedacht. Nein! Ich hatte bloß eine mächtig dicke Wut im Bauch und hätte die zu gerne und sehr laut rausgebrüllt."

„Ich erst!" Unbemerkt hat Sophie sich neben uns gestellt. „Aber über Angst habe ich auch nicht nachgedacht. Ich wusste doch meine beiden tapferen Wachhunde in der Nähe. An mich traut sich keiner ran! Zum Glück haben sie ja beide richtig prima mitgespielt. Das saudumme Gesicht von dem Typen war einmalig klasse. Ich freue mich schon mächtig auf das Video vom Kommissar Weinreich."

Das muss jedoch noch warten. Aber die nächste supergute Nachricht erfahren wir schon Minuten später per Telefon von der netten Olivia Panzer:

Beide Kidnapper waren vollkommen ahnungslos, als die Polizisten sie aus ihren Betten holten.

„Jaja, unfähige Gangster brauchen ihren Vormittags-Schönheitsschlaf doppelt nötig", lästert Ben sofort.

„Die wollen Kidnapper sein?" Papa schnaubt verächtlich. „Im Schlaf fängt man keine entführten Kinder ein zweites Mal ein, die einem beim ersten kläglichen Versuch ruckzuck wieder entwischt sind."

„Haben sie denn wenigstens alles zugegeben?", möchte unsere Mutter noch wissen.

Faule Ausreden waren zwecklos, denn durch unsere ausführliche Aussage lagen genügend Beweise gegen sie vor, hören wir zufrieden. „Eigentlich müssten wir von euren Kidnappern Schmerzensgeld verlangen für die ausgestandene lange Angst und jede Menge Sorgen um unsere Zwillinge", findet Mama. Recht hat sie. Es war bestimmt ähnlich schlimm für sie wie für uns Gekidnappte. Bloß musste sie nicht stundenlang durch den dämlichen Bergwald latschen.

„Treffen die sich alle drei in der U-Haft wieder?“, fragt Ronny. „Allerdings. Und das wird sicher kein fröhliches Wiedersehen. Und später vorm Richter schon gar nicht“, meint Papa. „Nur mit einer Bewährungsstrafe kommen sie ja sicher nicht davon, auch wenn ihr kläglicher Versuch als Kidnapper unserer cleveren Zwillinge fehlgeschlagen ist.“

„Jaja, diese netten, fröhlichen Feriengäste aus Bayern …“, erinnert Sophie sich. „Wie konnten die beiden mich bloß so hundsgemein täuschen? Übrigens nochmals vielen Dank für dein wunderbares Kostüm, Ronja! So piekfein habe ich noch niemals ausgeschaut. Ob ich mir etwas soo Hochelegantes vielleicht auch mal zulegen sollte?“

„Du hast superkrass darin ausgesehen, Sophie!“, sagt Ron. „Wie ´ne Filmdiva! In Jeans mag ich dich trotzdem lieber.“

„Danke, Ronny. Stimmt! Zu zwei Hunden passt eher nix Elegantes.“ Sophie-Frauchen lacht ihm zu. „Dann spare ich mein Geld mal lieber für leckere Schweineohren. Und vielleicht auch für Tiefkühlpizza? Man kann ja nie wissen …“ Wir schauen uns an und denken dasselbe: Einmal und nie wieder!! Ausreißen, meinen wir, - was sonst?

„Was war eigentlich drin in diesem kackbraunen Lösegeld-Umschlag?“, muss ich unbedingt wissen.

„Fünfzehntausend Euro?“, vermutet Ronny.

Mama lächelt gerührt. „Ach, Ronny! Wo sollte ich die denn so schnell herzaubern? Nein, im Umschlag steckte euer Spielgeld.“ Wir kriegen den Mund nicht zu. „Aber … wenn der Typ da reingeschaut hätte?“, fragen wir gleichzeitig. Papa zwinkert Mama zu. „Dann hätte er sicher laut gejubelt. Oder was hättet ihr an seiner Stelle gemacht?“

Ronny kichert: „Der Benny, der hätte ganz laut `Scheiße!´ gebrüllt. Dreimal hintereinander. Und dazu das Rumpelstilzchen gespielt.“ Stimmt, Zwilling! Du kennst mich gut. Ja, wirklich zu gut! Albern lachend klatschen wir uns ab.

(Mir ist trotzdem nicht klar, warum der Typ so saublöd war, nicht mal kurz reinzugucken in den Umschlag. Na ja, was hätte es ihm in dem Moment denn noch bringen sollen?)

„Dürfen wir jetzt endlich wieder nach Hause, Papa?“, fällt meinem Bruder dann ein. „Ist doch alles vorbei, oder?“

„Ja, ich denke schon!“ Papa nimmt seine Zwillinge in die Arme und lächelt seiner Frau verlegen zu. „Jetzt nehmen wir euch schleunigst mit zurück. Das wollt ihr doch? Oder … denkt ihr vielleicht immer noch ans Ausreißen?“

Er kann halt keine Zwillings-Gedanken lesen, unser armer Vater. Ob er das irgendwann noch lernt? Ansatzweise?

„Nicht wirklich!“ Wir klatschen uns nochmal fest ab.

Sophie muss uns auch drücken. „Na, fein! Dann ist jetzt wohl alles soweit okay bei euch? Und was … äh … wird … aus Südafrika?“

Wir Zwillinge sehen uns an. Ach ja, Afrika! Das haben wir ganz vergessen bei dem wilden Chaos in den letzten Tagen.

Ben antwortet für uns beide: „Wir denken drüber nach. Wann müssen wir das wissen, Mama?“

Unsere Eltern tauschen einen sehr langen, stummen Blick. „Morgen früh wüssten wir schon gerne, wie unsere Herren Söhne sich entscheiden“, bestimmt Papa endlich, allerdings ungewohnt zögernd. „Und dann bitte ein klares

Ja! Oder auch ein deutliches Nein von euch, meine lieben Zwillinge!“

„Ay - ay, Sir!“, sagen wir und lassen uns von unseren Großeltern zum Abschied besonders zärtlich drücken.

Gleich nach dem Abendessen verziehen wir uns auf unser Zimmer. „Wir sind tierisch groggy und … ja, hundemüde“, erklären wir unseren Eltern. „Dann schlaft euch mal richtig aus nach den langen Tagen und Nächten ohne viel Schlaf“, meint Papa besorgt. He, was sind das denn für unerwartete Vater-Töne? Hätten wir vielleicht früher schon mal abtauchen sollen? Wir grinsen in uns rein, - logisch ohne Worte.

(*Ach, Mensch, geliebtes Brüderchen! War gestern nicht HEUTE noch morgen??)*

KAPITEL 13: RONNY

Wir liegen auf meinem Bett, gähnen um die Wette, sind zu aufgedreht zum Einschlafen. „Willst du mit Papa?“, fängt Ben an. „Weiß auch nich.“ In meinem Bauch kullert es verdächtig. Wie so oft, wenn ich mich für was Wichtiges entscheiden muss. Längeres Schweigen. Nachdenken.
„Du, Ron, aber nur, wenn Mama mitkommt“, murmelt Ben. Ich setze mich auf, wühle in der Schublade nach meinem Notebook und dann steht da:
FÜR FERIEN und darunter auf der linken Seite ZU HAUSE und auf der rechten Seite IN AFRIKA. Strich drunter.
„Hallo! Was wird das jetzt?“, erkundigt sich mein Bruder.

Vorteile und Nachteile von Ferien hier oder in Afrika, kläre ich ihn auf. Ich schreibe drauf los, was uns zu beiden Seiten einfällt. Absolut eindeutige Pluspunkte für Südafrika. Vor allem für unsere tollen Freunde dort. Für den großen Pool hinterm Haus. Für Ausflüge ans Meer mit Schnorcheln und Segeln. Vielleicht ein Schnupperkurs zum Tauchen?

Nachteile? Eigentlich nur Hitze und zu langes nerviges Fliegen. Sonst noch was? „He, du, Benny! Sag doch auch noch was!“ Ich stupse ihn sachte an, höre leise Schnarch-Geräusche. Dann eben nicht! Das war ´s dann mal für heute. Ich decke ihn zu mit meiner Bettdecke und krieche unter seine. Hauptsache endlich ins weiche Bett und schlafen, schlafen, einfach nur richtig fest schlafen …

Wildes Zeug geistert durch meine Träume: Im Flugzeug sind Männer mit schwarzen Strumpfmasken und Pistolen. Die fuchteln damit herum. Papa haut sie ihnen mit blitzschnellen Karateschlägen aus den Händen. Ein lauter Knall. Eine Bombe?? Hilfe!! Das Flugzeug sackt plötzlich ab, immer schneller … HILFE! MAMA! HILFE! Ich falle weich, auch wenn ich auf einem festen Sandboden gelandet bin.

Ich rapple mich auf, sehe feste Gitterstäbe vor mir. Die Kidnapper? Wo sind sie? Ein schwarzes Kerlchen, - kurzes Fell, lange Schlappohren, - drückt sich von der anderen Seite gegen das Gitter, winselt leise und kläglich. Schaut mich aus goldbraunen Augen an. Ich fühle die feuchte Nase an meiner Hand, die kleine rosa Zunge leckt weich an meinem Zeigefinger. „Bist einsam, was? Ach, du armer Kleiner."

„Einsam ist gar kein Ausdruck für das hier", höre ich.

Was soll das?? „Sprichst du meine Sprache, Kleiner?" „Warum nicht?", kommt die Gegenfrage. Wahnsinn! Der absolute Wahnsinn! Ich kann mich mit ihm unterhalten! Wie mit Ben. Wo ist der eigentlich? Neben mir steht Sophie.

„Du hast deinen neuen Freund gefunden, Ronny? So viele liebe einsame Tiere sind hier. Für welches soll man sich entscheiden?" Ich schaue mich um. Plötzlich lautes Bellen von allen Seiten. Überall sehe ich Hundezwinger und darin jede Menge trauriger Hundeaugen.

„Überlege dir genau, welchen vierbeinigen Kameraden du dir aussuchst, Ronny!", sagt Sophie, und die ist auf einmal kaum noch so groß wie ich. „Nimmst du mich, Ronny? Bitte? Ich mag dich!" Der kleine Schwarze hechelt aufgeregt und rennt vor dem Gitter hin und her, fast wie ein Tiger im Käfig.

„Äh, … woher kennst du meinen Namen? Und wie heißt du?“ - „Seppel. So nennen mich die Leute hier.“

„Komischer Name. So heißt doch der Freund vom Kasperl aus dem Räuber Hotzenplotz.“ Ich muss laut lachen.

Das hektische Bellen ringsherum wird fast unerträglich. „Ron! Ron! Uns musst du mitnehmen! Wuff! - Kläff! - Jaul! - Winsel!“ Mein Kopf dröhnt, meine Füße kleben am Boden fest. „Nein! Nein, hört auf!!“, schreie ich los, - mitten hinein in das Kläffen, Jaulen und Winseln.

Ein Rütteln an meiner Schulter. „Ron, was brüllst du so? Mitten in der Nacht! Und was machst du in meinem Bett?“ Ich blinzle in die Dunkelheit. Versuche, den Traum festzuhalten. Sage Ben, wo ich eben gewesen bin … Meine Augen fallen zu. Weg ist der Traum …

Als es bereits taghell draußen ist, kann ich schwer wach werden. Ben will sofort meinen Traum wissen. Ich kratze zusammen, was da noch im Hinterkopf herumspukt. Mein Zwilling hört ruhig zu. Seine Augen werden groß. „Wieso träumen Zwillinge oft den gleichen Blödsinn?“, fragt er. „Allerdings reden? Nee, das konnte mein Hund nicht. Und er hatte kein kurzes schwarzes Fell, glaub ich. Es war eher hellbraun und zottelig.“ Eine Weile denkt er heftig nach, zieht dabei die Augenbrauen zusammen, platzt dann einfach so raus: „Du, das isses! Wir fliegen mit Papa. Unter einer Bedingung: Nach den vier Wochen Südafrika dürfen wir uns einen Hund aussuchen. Im Tierheim. Schwarz oder braun ist doch piepe.“ Ich bin schlagartig putzmunter. „Du … du denkst, er sagt JA? Aber … mag die Mama Hunde?“

„Sonst sagen wir NEIN! Und peng!“ Ben grinst sein unwiderstehlich-freches Benny-Grinsen. Hört sich pfiffig an sein Vorschlag. „Okay! Das ist DEINE Bedingung“, sage ich. „Und wie heißt deine?“ will er wissen. Ich hole tief Luft: „MEINE heißt: Nicht ohne die Mama! Sonst kann der Papa alleine fliegen. Basta!“ Wir geben uns Fünf. „Deal?“, fragt Ben. „Logo! Deal! Zu zweit sind wir unbesiegbar, Bruder.“ Ich mag es total, Zwilling zu sein. Alleine, also nur mit den Eltern, stelle ich es mir stinköde vor. Okay, so ein richtig großer, starker Beschützer-Bruder hätte vielleicht auch was, - für mich, den kleinen Ronny-Hosenschisser.

Direkt vorm Frühstück platzen wir raus mit unseren beiden Bedingungen. Uff! Kommt es jetzt, das Vater-Wort zum Sonntag? Nee, nur die Papa-Frage: „Das ist euer letztes Wort?“ Wir holen tief Luft. „Unser allerletztes, Papa und Mama. Wann fliegen wir? Um 1:25? Ab Salzburg?“

Erst in drei Tagen können wir starten, weil sich für heute und morgen noch Besuch angesagt hat. Besuch? Wieso?

Ja, Besuch für uns, die berühmten Kidnapping-Zwillinge. Wir stehen fest auf der Leitung. Wer soll UNS besuchen?

Die Sophie? Nein, aber die will unser Besuch ebenso dabei haben. Bei Ben fällt der Groschen zuerst. Reporter von der Tageszeitung und vom Heimatblättchen bitten uns um ein Interview.

(Buff und Wow!!! Werden WIR tatsächlich berühmt?)

Wir schauen reichlich irritiert in die lächelnden Gesichter unserer Eltern. Und Mama und Papa sind mit solchen Interviews einverstanden? „Hätten wir das gedacht, Ron?“, fragt Ben. Nicht wirklich, gebe ich zu und bin plötzlich aufgekratzt wie lange nicht. Wir Zwillinge in der Zeitung! Sogar zwei Mal! Also Doppel-Wow!! Ich fasse es nicht!

Der Reporter von der Tageszeitung hat sich gleich nach dem Mittagessen angesagt „Heute?“, fragt Ben. Ja, heute.

Dann ist der Bericht spätestens übermorgen in der Zeitung. „Morgen um zehn Uhr erwarten wir jemanden vom Heimatblättchen“, sagt Mama. „Und wir sollen denen erzählen, was in den zwei Tagen mit den Kidnappern abgegangen ist?“, fragt Ben. Zum wievielten Mal ist das dann? Inzwischen müssten wir unsere Story fast auswendig hersagen können. Aber okay, erzählen wir sie einfach nochmal von vorne.

Den beiden Reportern gefällt sie. Die junge Power-Frau vom Heimatblättchen ist sogar richtig happy, als sie nach mehr als einer Stunde ihre Tasche umhängt und uns verspricht: „In unserer August-Ausgabe soll euer Artikel erscheinen.“ Wir mussten mehrere Fotos über uns ergehen lassen. Mein Ding ist das halt nicht, durch meinen Haarvorhang in die Kamera zu grinsen. Wie dressierte Zirkus-Affen?

„Was sein muss, das muss sein!“ Ben knufft mich. „Denk einfach an Schokoladenpudding und sag Ameisenscheiße. Äh, - umgekehrt!“

Also halte ich mit beiden Händen den wichtigen Hammer vor die Brust, grinse cool Richtung Kamera und sage mehr als deutlich: „Schokoladenscheiße!“ Ben murmelt nur leise: „Ameisenpudding.“

Die Frau lobt uns: „Prima, ihr tapferen Zwillinge. Einfach ganz ungezwungen zu mir her lächeln. Ihr habt doch eure aufregenden Tage heil überstanden und dürft euch wieder von ganzem Herzen freuen.“

Klar freuen wir uns. Und wie!! Als Papa uns nämlich am nächsten Morgen mit der neusten Zeitung an den Frühstückstisch winkt und wir uns gegenseitig den ausführlichen Ganzseiten-Artikel vorlesen. Sind das echt WIR, - die selten dämlich grinsenden Zwillinge auf den drei Fotos? Der Igelkopf und der mit den langen Strähnen. Auf einem sind im Vordergrund die Hundenasen zu sehen. Sonny guckt eher gelangweilt zur Seite, während Hauptperson Dekica neben seinem Frauchen in die Kamera zu grinsen scheint wie ein gut dressierter Filmstar-Hund. Nach den Ferien werden die in der neuen Schule gucken! Sollen wir denen dann unsere ganze Kidnapper-Story nochmal lang und breit auftischen?

Eigentlich hätten wir sie nach der Hubschrauberlandung direkt auf Mamas Smartphone quatschen sollen.

Allmählich wird ´s langweilig, jedes Mal dasselbe her zu labern: Vom bösen Anfang … ja, bis zum glücklichen Ende, wie es voll albern in der Zeitung heißt. Hahaha! Selten so gelacht, Leute!!

(*Egal, was da steht! Wir coolen gekidnappten Zwillinge sind jedenfalls stolz bis zum Platzen stolz. Das sollen uns die anderen alle erst mal nachmachen! Vom heftigen Anfang ... bis zum glücklichen Ende! Hahaha!!)*

KAPITEL 14: DEKICA

Frauchen, worüber freust du dich denn so? Noch vorm Frühstück lachst du laut und wedelst mit der Morgenzeitung. „Sonny! Dicki! Schaut mal! Das seid IHR auf dem Foto.“ Gibt es da ein dickes Stück Wurst? Fehlanzeige. Das Foto riecht langweilig, Frauchen. Was gefällt dir daran so gut? Frauchen ist kaum fertig mit ihrem Frühstück, da müssen wir kräftig und zweistimmig bellen und ihr das Auto der Zwillingsmama in der Einfahrt melden. Auch die Zwillinge lachen laut und wedeln mit der Zeitung, als sie auf die Terrasse stürmen. Hinter ihnen ihre Mama. Sie sieht ähnlich fröhlich aus. Da wackelt mein Schwanz vor Freude wie verrückt. Vier Streichelhände klopfen meinen Rücken, kneten zart meine Ohren und meinen Bauch.

Weiter bitte! Das mag ich besonders. Wovon redet ihr mit dem Frauchen? Was ist ein Interview? Gibt es dabei etwas Leckeres zu fressen? „Morgen Vormittag?“, fragt Frauchen. „Natürlich haben wir da Zeit, was, Dicki? Für ein so wichtiges Interview doch immer. Ins Fernsehen wollte ich schon längst mal kommen. Wahnsinn! Stimmt `s, ihr Buben?“

Am nächsten Morgen nach einer ganz kurzen Hunde-Pipi-Runde trägt Frauchen nicht ihre Jeans wie sonst. Sie muss sich landfein machen, sagt sie und macht uns die Halsbänder um. „Heute fahrt ihr mit, meine Helden. Euch wollen die Zuschauer auch bewundern. Hopp, mein Dicki! Hoppala, Sonny! Husch, rein mit euch ins Auto.“

Ja, für ein Leckerchen jederzeit, Frauchen. Gibt ´s hinterher Wurst? So hundisch leckere wie die in der Nacht von dem netten Wurst-Mann?

Die Zwillinge fahren mit uns hinter dem Mama-Auto her. Sie wollen gerne mit uns Hunden schmusen. Ronny zaubert aus seinem Rucksack ein Stück harte Wurst für Sonny und eins für mich, während Frauchen das Auto zwischen hohen Bergen hindurchlenkt. Eine ganze Weile muss sie fahren. Wo wollen wir denn hin am frühen Morgen?

KAPITEL 15: RONNY

Da steht er vor der großen Halle, - *`unser´* Hubschrauber! „Wow! Mit dem sind wir geflogen, Sophie! Das war affengeil!“, ruft Ben mit glänzenden Augen. Er würde am liebsten sofort wieder in die Kanzel klettern. Ich eher nicht so, wenn ich an meinen Magen denke. Der spielt heute sowieso schon leicht verrückt. Coole Show fürs Fernsehen gibt ´s ja nicht jeden Tag. „Nein, Benny, heute ist nur das Interview angesagt statt Fliegen“, muss Mama meinen Bruder bremsen. Denn leider hat unser netter Pilot Philipp heute keine Starterlaubnis für uns Zwillinge. Ist halt kein Notfall wie seine Rettungs-Landung auf der großen Wiese. Er wird im Interview aber natürlich auch zu sehen sein. Sein Bart-Kollege Peter ist gerade woanders im Einsatz. „So ´n Pech, Peter!“, sagen wir enttäuscht. Na, wenigstens ist Schäferhund Hasko dabei und schaut interessiert zu Sonny und Dekica herüber. Obwohl, seine Spürhund-Nase hat er diesmal gar nicht einsetzen müssen für uns.

Drei Leute erwarten uns neben dem Helikopter: Das Fernsehteam vom Regionalsender. In meinem Bauch kribbelt es heftig. Tja, Papa, heute bist ausnahmsweise nicht DU dran, sondern deine *`tapferen´* Zwillinge stehen vor der Kamera. Die noch junge Reporterin Trixi schüttelt unsere Hände, streichelt die vier Hundeohren und schaut uns dann aufmerksam in die Augen. „Kommen wir zur Sache, Buben?“ Ben strahlt sie mit leuchtenden Augen an: „Logisch! Wo ist das Problem? Auf geht ´s!“

Ich schlucke aufgeregt. Okay, wir proben unseren Auftritt erst mal ohne laufende Kamera. Benny soll seine geliebte

Cappy abnehmen, damit man den Igelkopf erkennen kann. (*Gerne macht er das nicht, das sehe ich ihm an.*)

„Mach schon!“, stupse ich ihn. Die beiden Männer nicken uns beruhigend zu. „Dann erzählt mal einfach drauf los“, werden wir aufgefordert. „Fang du an!“, flüstere ich.

Und schon legt mein Zwilling los. Von dem Moment an, wo wir auf den Balkon vom Haus am Bach geklettert sind und Sonny uns da oben entdeckt hat. Ich bewundere ihn, wie flüssig er drauf los quatscht.

„Und du, Ronny?“, stupst Trixi mich an. „Willst du auch was dazu sagen?“ Klaro will ich! Hab ja schon rote Ohren vor Aufregung. Schnell schlucke ich den leichten Kloß im Hals runter, hänge mir meinen Rucksack lässig über die Schulter, - und dann läuft es wie von selbst. Ich hole den so wichtigen Hammer aus dem Rucksack und erzähle, wie wahnsinnsschwierig es war, diesen verdammten Riegel aufzukriegen. Sogar die qietschgelbe Plastiktüte, in der unser *`feines Frühstück´* war, ist noch da. Ist die auch interessant?

„Natürlich“, schmunzelt Trixi. „Verhungern lassen haben diese *`richtig netten´* Kidnapper euch wenigstens nicht.“

Als die Kamera unseren langen Bericht mit dreht, ist mein Lampenfieber wie weggepustet. Trixi muss uns nur selten unterbrechen. Ich merke, wie ihre Augen immer vergnügter leuchten und ihre Ohren immer größer werden, je aufgeregter wir erzählen. Hat sie mit einem so spannenden Zwillings-Abenteuer eher nicht gerechnet?

Sie nimmt uns beide spontan in die Arme, als wir tief einschnaufen und jetzt Sophie an der Reihe ist. Die geht neben Dekica in die Hocke und krault mit der rechten Hand Sonny, während sie mit leuchtenden Augen berichtet und die Worte aus ihr heraussprudeln, ähnlich wie ein Wasserfall.

Nach ihr hat der Pilot das Wort. Unbefangen schildert er völlig sachlich seinen Einsatz auf der großen Wiese in der Nähe des Dorfes, wo die Entführer sich versteckt hielten. Für ihn scheint eine laufende Fernsehkamera zum Berufs-Alltag zu gehören. Gerne erlaubt er uns, diese coolen Kopfhörer noch mal aufzusetzen, wenn wir diesmal schon nicht mit ihm in die Luft gehen dürfen. (*Ist auch garantiert besser für den scheißempfindlichen Ronny-Magen!)*

„Tja, das war ´s dann eigentlich!“, meint Ben schließlich. Trixi lacht zufrieden: „Das reicht in der Tat auch für zwei unerschrockene Helden. Wir drei sind zutiefst beeindruckt, stimmt´s, Henry und Jo? Tja, kein Wunder bei eurem Papa!“ Ihre zwei Begleiter grinsen und zeigen uns die erhobenen Daumen. „Ihr wart beide echt super! Danke, Jungs! Und ein drei-faches `Wau!´ für eure netten Hunde“ Der Henry hängt sich die Kameratasche um.

(*Jajaja, unser sooo toller Mega-Papa!! Wäre er jetzt mal so richtig stolz auf seine `unerschrockenen´ Zwillinge?)*

Wir verabschieden uns vom TV-Team, sobald Trixi uns verraten hat, wann genau wir morgen Abend auf Sendung sein werden. Auch der Pilot Philipp ist mächtig gespannt. Mama lädt ihn prompt ein, diese Sendung bei uns daheim mit anzugucken. Er verspricht, pünktlich da zu sein, - falls nix anderes dazwischen kommt natürlich. „Zum Beispiel ein neuer Einsatz. - Vielleicht die Suche nach verschwundenen Zwillingen?“ Schmunzelnd klopft er seinem treuen Hasko aufs Hinterteil. „Besser nicht!“, antworten wir dreistimmig, und unsere Mutter lässt dazu ihre Augen heftig rollen.

Nein, noch ein solch schlimmes Drama?? Nein, das kann sie wirklich keiner anderen Mutter auf der Welt wünschen!

KAPITEL 16: SOPHIE

Einen Abend später sind wir zu Gast bei der Familie vom großen Ben-Ole P. Mordsgespannt quetschen wir uns auf die breite Couch vor dem Flachbild-Fernseher an der Wand. Pilot Philipp hat Wort gehalten und darf zwischen den Zwillings-Eltern sitzen. Meine Hunde liegen friedlich nebeneinander auf den Jungenfüßen, hecheln aber irritiert. Spüren auch sie die große Stunde der Wahrheit?

Um Punkt 19:15 sind wir auf Sendung. Direkt im Anschluss an die Kurznachrichten aus der Region.

Beide Zwillinge sagen anfangs keinen Mucks. Wie gebannt starren sie auf den Bildschirm. Ronny wickelt sich seine Strähnen um die Finger, und Benny kaut an seinem linken Daumen. Das wäre ein herrliches Zwillings-Foto wert. (*Nein, Sophie! Lass dein Smartphone in der Tasche! Das passt jetzt leider gar nicht!)* Dekica blinzelt zu mir hoch, zuckt mit dem rechten Ohr, als wolle er mir Recht geben. Jaja, ihr sonst so coolen Zwillinge, man sieht sich halt nicht jeden Tag auf der Mattscheibe. Als VIP sozusagen …

Beide Eltern wirken heute überraschend entspannt.

Bedeutet das, sie fliegen morgen nach Südafrika? Alle vier? Eigentlich wäre ich gerne dabei, oder? Über die gut gemeinte Einladung zum Mitfliegen freue ich mich total. Aber: Sei mal ehrlich, Sophie! Du bist froh, weil du deine perfekte Ausrede hast. Nein, meine Hundchen, euer Frauchen lässt euch doch nicht alleine. Nein, wir drei gehören hierher! In unser geliebtes Haus in den Bergen, an den herrlich erfrischenden Bach und in den kühlen Wald.

Afrika gucken wir uns lieber auf WhatsApp an. Bestimmt schicken unsere neuen Freunde uns jede Menge ihrer tollen Urlaubsfotos rüber.

„Sophie, aufwachen!“ Ronny stößt mich an. „Das bist DU mit den Hunden.“ Schon bin ich mitten drin im Interview. Die Begeisterung um mich herum ist ansteckend. Werden wir uns jemals wieder im TV bewundern dürfen? Ein Wahnsinnsgefühl ist das! Ja, ihr Zwillinge, wenn das kein Grund zum Ausreißen war! Wir zwinkern uns zu wie drei Verschwörer. Ach, Ronny! Ach, Benny! Wie genial ihr ausschaut mit den Helikopter-Helmen! Und dein Hammer, Ronny, ist wirklich der Ober-Hammer! Oh ja, wir drei haben euch richtig lieb gewonnen in der kurzen Zeit! Danke, weil es euch für uns geben darf. Für die alte Sophie und für ihre zwei braven, vierbeinigen Freunde. Wisst ihr was, Sonny und Dicki? Morgen am Bach suchen wir besonders schöne Kieselsteine für die beiden. Als Glückssteine für Südafrika.

Und dazu zwei große für die Ronja und den Papa. Denn eine extra Portion Glück kann niemals schaden!

KAPITEL 17: RONNY

Vor unserem Abflug besuchen wir natürlich noch Sophie und ihre Hunde. Wow! Auch der Papa will mit. Zu viert stehen wir vor der Tür zu ihrem Wintergarten, begrüßt von freudigem Gebell. Papa balanciert den großen Orchideen-Topf. Ich trage die Tüte mit den Hunde-Biscuits und den Markies. Ben, der leider immer noch sein Daumenpflaster braucht, hat unterm linken Arm ein Buch in buntem Geschenkpapier, - mit Comic-Hunden drauf.

Der frische Rhabarberkuchen wartet schon auf uns. Natürlich geht es beim Kaffeetrinken wieder um das Thema `Ausreißen´. „Können wir das bitte mal endlich haken?“, nölt Ben. „Das könnten wir theoretisch“, meint Sophie sachlich. „Eure Bitte wird leider abgelehnt, meine Herren“, sagt Papa ebenso sachlich. „Denn mit diesem Thema sind wir immer noch nicht ganz durch. Wundert euch das?“

(*Er sieht jedoch nicht so bierernst aus, wie er das sagt.*)

„Wir Erwachsenen verstehen euch besser als ihr denkt“, beginnt er die Rede an sein Volk. Soll ich meine Ohren auf Durchzug stellen? Nee-nee, ich schalte sie mal trotzdem auf Empfang. Weil wir bösen Zwillinge das halt waren, die unsere arme neue Zufalls-Freundin mit reingezogen haben in diesen Krimi. Aus Versehen eigentlich. Aber das hat einige unangenehme Fragen ausgelöst. Sie, die unschuldige Sophie, wurde nämlich von der Kripo zum Verhör bestellt, wie wir erst jetzt erfahren. Upps! Wir senken die Köpfe tief über unser Kuchenstück. Schuldbewusst? Eher nicht. Vielmehr ist uns das alles mega-peinlich. Hat ihr die Sache richtigen Ärger gebracht?, wollen wir mit roten Köpfen wissen.

Sophie nickt: „Zuerst sah es danach aus. Zum Glück durfte eure Mutter zu meinen Gunsten aussagen. Schließlich bin ich mit einem ernsthaften Verweis davongekommen, nachdem ich alle meine Schandtaten zu Protokoll gegeben und meine Aussage unterschrieben habe."

Unsere Zwillingsblicke treffen sich. Echt dumm gelaufen! Voller als voll dumm!, sagen sie ohne Worte. Wir geben uns einen Ruck, stehen gleichzeitig auf, strecken Sophie die Hand hin. Ich die Rechte, Ben lieber die Linke ohne Pflaster. Höflich entschuldigen wir uns bei ihr. Wie unsere Eltern es uns beigebracht haben, als wir noch nicht mal in die erste Klasse gingen. „Kommt nie mehr vor, Sophie! Ehrenwort!", setze ich noch dran. „Echt mega-naiv waren wir. Und selten dämlich", ergänzt ein ungewohnt verlegener Ben und reibt seine Nase. (*Und das kommt bei ihm äußerst selten vor.*) *Das macht er meistens, wenn er sich mal richtig schämt.)*

Sophie hält unsere Hände fest in ihren. „Davon gehe ich aus, dass es euch jetzt Leid tut. Entschuldigung dankend angenommen. Unter einer Bedingung." Hä? Noch eine?? Ist heute Tag der Bedingungen? „Ähm, … und welche?"

Misstrauisch guckt Ben zu ihr auf. Ihre Augen lächeln unheimlich lieb. „Wir bleiben Freunde", sagt sie mit weicher Stimme. „Einfach gute Freunde. Obwohl ihr so viel jünger seid als die alte Sophie, als meine umgerechnet uralte Sonny und als unser altes Dicki-Männlein."

Ach, so meint sie das! Wir strahlen sie erleichtert an.

„Machen wir doch glatt! Voll logo!!“ Wir nicken gleichzeitig. „Bedingung angenommen. Unter einer Bedingung.“ Jetzt schaut Sophie misstrauisch. „Aha? Und die wäre?“

Wir grinsen vergnügt. „Ganz easy. Du kommst mit ins Tierheim, - in vier Wochen.“ Wir erzählen mit glänzenden Augen von der Abmachung mit unseren Eltern, die amüsiert zuhören. „Bedingung auch angenommen“, lächelt Sophie. „Jetzt musst du noch dein Geschenk auspacken“, erinnert Benny sie. Ein Hunde-Buch hat Mama für sie ausgesucht. Mit vielen lustigen Geschichten über nette Vierbeiner und ihre nicht immer nur superstolzen Herrchen oder Frauchen.

„Na, wenn das nicht perfekt zu uns passt! Danke! Wie lieb von euch! Das wird meine Ferienlektüre für daheim“, freut das Sophie-Frauchen sich und muss uns jetzt alle vier rasch noch fest an sich drücken.

Der Papa muss dann leider noch woanders hin und verabschiedet sich etwas eilig. Seine Familie hat noch ewig lange keine Lust wegzugehen von den neuen Freunden.

Wir kauern neben den Hunden auf dem alten Teppich im Wintergarten, kraulen Dekica, wuscheln zärtlich durch den dichten schwarzen *`Sonny-Pelzmantel´* und träumen dabei von unserem neuen Tierheim-Hund im nächsten Monat.

Die Sophie freut sich schon drauf, ihn mit auszusuchen. Wir werden mit ihrem Auto hinfahren. Sonny und Dekica müssen unbedingt dabei sein und beim Aussuchen ihr *`Wuff-Wuff! Wau-Wau*!´ dazugeben. Für Mama ist dann leider kein Platz, aber das passt. Sie hat bis jetzt nicht so den Super-Draht zu Haustieren, gibt sie verlegen zu. Das Hunde-Buch hat sie eigentlich nur Sophie zuliebe gekauft.

„Das wird schon, Ronja“, tröstet Sophie sie. „Ich bin ziemlich gut im Anstecken mit meinem ausgeprägten Hunde-Tick. Das wirst du auch bald merken. Bei deinen Zwillingen hat das übrigens keine halbe Stunde gebraucht. Das mit dem Anstecken.“ Sie fragt uns, ob es nicht sinnvoller wäre, erst mal nur mit verschiedenen Tierheim-Hunden Gassi zu gehen, bevor wir uns dann für einen bestimmten entscheiden.

Für ältere Kinder und Jugendliche, die sich freiwillig zu solchen Gassi-Runden melden, sind die Mitarbeiter unendlich dankbar. Denn jeder Zwinger-Hund braucht regelmäßige Bewegung. Ob das wohl eher in Frage käme als gleich ein eigener Hund, schlägt jetzt die Mama zögernd vor.

„Ist das … dein Ernst??“ Vier Zwillingsaugen gucken sie bitterböse an. Versprochen ist versprochen!!! Nee-nee!!! Wir wollen unseren eigenen Vierbeiner. Nicht mit irgendwelchen Tierheim-Hunden Gassi gehen. Peng! Basta!

„Und wohin mit dem Hund, wenn wir im Urlaub sind?“ Mama startet einen letzten Versuch. „Na, zu uns! Wohin denn sonst?“ Sophie zwinkert uns listig zu. „Aber er sollte natürlich möglichst nicht herum zicken mit meinen beiden Schätzchen! Sonny und Dicki freuen sich schon drauf, bald einen lebhaften jüngeren Kollegen um sich zu haben.“

Danke, Sophie! Du bist die Allerbeste! „Aber das bedeutet, du kannst uns niemals besuchen im Afrika-Haus?“, fällt der Mama ein. „Leider bloß in meinen zehntausend Fantasie-Gedanken“, gibt Sophie zu. „In eurem sicher ganz wunderschönen Südafrika ist es mir allerdings sowieso deutlich zu heiß. Ich hoffe, das könnt ihr alle miteinander verstehen?“

Ja, klaro, Sophie! Wir Zwillinge verstehen das. Damit ist das Thema durch, und unsere Mutter drängt energisch zum Aufbruch. Die Koffer sind noch längst nicht fertig gepackt.

„Kommt gut hin und her, ihr Schätzchen!“, ruft Sophie uns zum Abschied hinterher. „Gaaanz schöne Ferien in Afrika!“

Lachend schwenkt sie ein großes gelbes Badehandtuch.

„Wuff-Wuff!“, macht Dekica zum traurigen Abschied. „Wäff-Wäff-Wau!“, schickt Sonny uns noch hinterher.

KAPITEL 18: BENNY

Vier Wochen in Südafrika sind unglaublich lang … und unglaublich kurz. So krass wie in diesem Sommer fanden wir es da noch nie. Vor allem, weil wir die Mama mit hergelockt haben. Unsere Eltern sehen es genauso.
„Tja, WIR mal wieder!“ Das kommt diesmal richtig cool von meinem Zwilling. Wir klatschen uns alle vier lachend ab. An die Großeltern und an Sophie schreiben wir viele Mails, ein paar Ansichtskarten und auch einen langen Brief. Na gut, Ronny übernimmt freiwillig das Schreiben in seiner Sonntagsschrift, wenn ich ihm diktiere, was unbedingt drin stehen muss. Unsere `Schönschrift´ ist nämlich alles andere als zwillingsgleich. Wir berichten von unserer aufregenden Safari, wo wir an einem Tümpel beinahe den echten Ärger gehabt hätten. Nämlich mit zwei gewaltigen Krokodilen. Die hatten anscheinend einen sehr großen Zwillingsappetit. Unsere Mutter hat fast einen Schreikrampf gekriegt, als diese Biester da plötzlich auf uns zu krochen. Wir sind um unser Leben gerannt! Ja, und eine ganze Elefantenherde konnten wir in der Nähe beobachten. Und mit dem Fernglas von weitem eine Löwenfamilie:
Der gewaltig große Papa Löwe, daneben die Mama Löwe mit ihren sich balgenden Jungen. Auf unsere vielen Fotos kann Sophie sich jedenfalls schon mal freuen.
Ich darf noch drunter schreiben: „1000 Extragrüße! Von uns allen! Und Danke für die Kieselsteine. Die bringen uns hier echt Glück!!“ Ronny kann den Dicki besser zeichnen. Okay, glaubt er wenigstens. Immerhin! Mit den Hundena-

men unter den Bildern kann Sophie die beiden bestimmt erkennen. Sie schickt uns sofort, - zusammen mit einem drei Seiten langen Brief und Abdrücken von vier Hundepfoten auf einem Extrazettel, - den August-Artikel aus dem Heimatblättchen. Eine ganze Seite füllt auch dieser Kidnapper-Bericht, sogar mit fünf gelungenen Fotos. Unser ganz ungezwungenes, so richtig cooles Zwillingslächeln, stellen wir kichernd fest und dürfen uns darüber `*so recht von Herzen freuen*´.
Papa hat es abgelehnt, mit drauf zu sein. Das ist allein Zwillingssache, hat er Mama erklärt. Ihn, unseren überall bekannten Vater, wollte ja zum Glück niemand entführen. „Der hätte das auch nicht lebend überstanden“, kann ich mir nicht verkneifen, und Rons rechtes Auge zwinkert mir zu: Hundertpro Zustimmung!!

Zwei Tage nach unserem Rückflug holt Sophie uns ab mit ihrem Auto. Sonny liegt im Fußraum vorm Beifahrersitz, denn auf der Rückbank macht Dekica sich voll breit.

„Voraussetzung ist, dass alle drei Hunde sich mögen und sich nicht böse anknurren, wenn wir uns später treffen. Egal, ob bei uns oder bei euch“, sagt Sophie. Ich quetsche mich zu dem schweren Rüden nach hinten. Ronny muss die Füße anziehen, einen Schuh ausziehen und Sonny mit dem großen Zeh hinter den Ohren kraulen. Das mag sie besonders beim Autofahren, verrät uns das Frauchen. Und prompt zieht Ronny auch seinen rechten Socken mit aus und krault ausgiebig Sonnys dichtes schwarzes Fell, bis Sophie in die Zufahrt zum Tierheim einbiegt. Zärtlich knete ich Dickis samtweiche Hundeohren, klopfe ihm auf den dunkelbraunen Rücken, und wir genießen es beide. Wer wird wohl auf der Rückfahrt als Neuer mit uns im Auto sitzen? Erwartet unser *`Traumhund'* uns vielleicht schon längst?

Aufgeregtes Gebell empfängt uns im Hintergrund. Sophie hat einen Termin für uns ausgemacht mit der Leiterin des Tierheims. Diese Anja erwartet uns bereits am Tor und begrüßt zuerst unsere Hunde mit forscher Stimme. Sie möchte wissen, ob wir denn eine ungefähre Vorstellung haben von unserem zukünftigen Freund auf vier Pfoten. Sofort müssen wir ihr unbedingt von unseren Traumhunden erzählen,

Ron von dem schwarzen und ich von dem braunen. Sie hört gespannt zu. Bei dem Hundenamen aus Rons Traum macht sie kugelrunde Augen. „Wie? SEPPEL? Hast du den Namen ganz genau so verstanden?"

Ronny nickt eifrig: „Ganz genau so. Einfach *Seppel.*"
„Wie der Freund vom Kasperle? Aus dem Räuber Hotzenplotz?", hakt Anja nach. „Hmm!", nicken wir jetzt beide.

Sie fängt an zu lachen. „Ich fasse es nicht! Genau diesen SEPPEL haben wir hier. Da drüben. Schaut mal! Im zweiten Zwinger von rechts: der kleine schwarze Mischling neben dem größeren braunen Setter-Rüden."

Sophie fragt erstaunt: „So ein bildschöner und reinrassiger Setter muss im Tierheim sein?" Anja erklärt uns, er sei dem Herrchen erst gestern weggelaufen. Zwei Jugendliche hätten ihn morgens beim Joggen im Park gefunden und gleich hergebracht. In einer Stunde ungefähr würde er abgeholt von seiner Familie. „Aber nun zu eurem Wunschhund. Wollt ihr euch den Seppel mal anschauen?" Was für eine Frage!

Wir flitzen um die Wette und gehen vor dem Zwinger in die Knie, wo der kleine Schwarze uns die Nase durchs Gitter schon neugierig entgegenstreckt.

„Ist er das?“, japse ich. Mein Bruder kriegt kein Wort heraus. Staunend hängen seine Augen an dem Fellbündel vor uns. Dieser sprechende Hund aus seinem seltsamen Traum?

„Bist du ein Süßer, kleiner Seppel!“, hören wir Sophies Stimme neben uns. Sie kauert sich zu uns. „Welche Rasse bist du denn, du Hübscher?“

Ein Mischling sei er. Vor zwei Wochen Leuten zugelaufen, die ihn leider nicht behalten können. Ziemlich sicher sei ein Zwergschnauzer unter seinen Vorfahren, - auch ein Terrier käme in Frage. Allerdings könne man sich die lustigen Schlappohren nicht erklären. Sie schätzt ihn auf drei bis vier Jahre. „Seppel …“ Ron flüstert den Namen wie ein Gebet. Sonnys ungeduldige Nase drängt sich zwischen unsere Beine in Richtung Gitter. Ihr buschiger Schwanz wedelt in freudiger Aufregung. Heißt das deine Zustimmung, Sonny?

„Fein! Sie mag ihn, denke ich“, übersetzt es die Sophie.

Von Dekica kommt zuerst nur ein kurzes tiefes Grollen. Langgezogenes Jaulen geht über in lautes, freudiges Bellen. „Du erinnerst dich gerade an deine vielen Müllfreunde, mein Alter?“, vermutet Sophie. „Wie gefällt er dir, unser Seppel?“ Heftig schlägt der Schwanz gegen meinen Rücken. Aua!! „Hör auf, Dicki!“ Sophie schiebt ihn zur Seite. „Dekica mag ihn auch, wie ihr merkt“, freut sie sich und streichelt ihn.

Anja bringt ein dunkles Halsband und eine rote Leine.

„Wie wäre es mit einer Gassi-Tour, Seppel?“ Der Kleine springt winselnd an den Stäben hoch. „Na, prima! Ich hole ihn euch raus.“ Wir beobachten, wie Anja sich im Zwinger zu Seppel hinunter beugt und leise auf ihn einredet. Ruckzuck hat sie ihm das Halsband umgebunden und die Leine befestigt.

„Darf ich die Leine zuerst?“ Bittend schaut Ron sie an, als sie Seppel auf uns zu führt. Wir halten ihm die Finger hin, streicheln ihn dann vorsichtig. Dekica und Sonny wollen sich begeistert kläffend an ihn drängen.

„Mal langsam. Ihr erschreckt ihn! Nicht alle auf einmal“, mahnt Sophie. „Lasst ihn erstmal in Ruhe schnuppern und euren Geruch aufnehmen.“

„So fix konnten wir noch keinen Hund vermitteln“, freut sich die Anja. Nach einer knappen halben Stunde stehen wir mit blitzenden Augen auf dem Hof, berichten alle drei auf einmal von Seppels erstem Ausflug mit seiner neuen Großfamilie und sind so was von happy. „Tja, WIR mal wieder!“, sage ich. „Der oder keiner!“, bestimmt Ronny für mich mit. Aber wie wird Seppel aufs Autofahren reagieren? Null Problem!, freuen wir uns. Ron muss sich dünn machen mit dem Hund neben sich auf dem Beifahrersitz. Der schwarze Mischlingsrüde sitzt kerzengerade und peilt interessiert aus dem Fenster. „Als wäre Autofahren seine Lieblingsbeschäftigung“, sagt Ron auf der Heimfahrt stolz und glücklich.

Vorher muss Sophie noch klären, ob Seppel alle nötigen Impfungen bekommen hat. Wir sehen, wie sie ihre Geldbörse zückt und Anja einen oder zwei Scheine in die Hand drückt. „Kosten die Tiere hier was?“, wundert sich mein Bruder. „Kann sein.“ Ich bin unsicher und frage Sophie.

„Freiwillige Spenden sind immer willkommen", löst sie das Rätsel. Wir wollen wissen, wie hoch unsere Spende ist, doch Sophie winkt lässig ab. „Psst! Seppel muss nicht wissen, wie wertvoll er für seine neuen Herrchen ist." Und damit Basta! „Danke, Sophie. Du bist echt voll in Ordnung."

Das sagen auch unsere Eltern, als Sophie uns mit unserem, exakt mit Ronnys Traum-Hund zu Hause abliefert.

„Soso! DU bist das also, unser neuer netter Mitbewohner."

Unser Vater streckt ihm die Hand hin. Seppel beschnüffelt sie neugierig und schaut in Papas leuchtende Augen. Springt der Funke auch zwischen ihnen direkt über?

„Liebe auf den allerersten Blick war´s", sagt die Sophie. „Bei drei Menschen und drei Hunden", sagt der Ronny. „Drei hoch zwei nämlich. - gewissermaßen", sage ich.

„Seppel ist irre. Einmalig! Mama, du MUSST ihn einfach mögen!", meint Ron bittend. „Er tut so, als wäre er schon immer bei uns zu Hause gewesen", meine ich überzeugt. „Sonny und Dekica haben ihn auch sofort akzeptiert", meint Sophie vergnügt und zwinkert unserer Mutter zu.

„Dann sind jetzt alle glücklich und zufrieden. Richtig?", freut sich Papa. „Fühl dich wohl in deinem neuen Zuhause, du putziger Seppel. Der Name passt perfekt zu dir."

„Den habt ihr alle zusammen ausgesucht?", fragt Mama.

Sofort erzählt Ron von seinem Hundetraum. „Das war nämlich kein Zufall." Da ist er sicher. Hunderttausendpro! Und Mama will diesen Traumhund nun auch streicheln.

„Zu deinen neuen Fans kannst du noch zwei dazuzählen, Seppel!", lacht Papa. „Dich muss man einfach liebhaben, du Kerlchen. Vom ersten Moment an." Er grinst uns mit seinem Lausbubengrinsen an. „Bedingung zwei hiermit erfüllt, meine werten Herren Söhne?“

„Bingo! Danke, Papa! Danke, Mama!“ Wir umarmen uns der Reihe nach strahlend. „Und nochmal danke, Sophie!“ Sie schmunzelt hochzufrieden. „Oh, es war uns eine ganz besondere Ehre, ihr Zwillinge. Ihr müsst uns bald besuchen. Sonny und Dicki warten schon sehnsüchtig auf ihren neuen fröhlichen Freund. Und ihr Frauchen natürlich erst recht.“

KAPITEL 19: DEKICA

„Wären diese ulkigen Zwillinge nicht ausgerissen, hätte dieser putzige Seppel womöglich noch längst kein so vornehmes neues Zuhause“, grübelt das Frauchen. „Und diese Geschichte müsste erst recht nicht aufgeschrieben werden.“ Sie sitzt dicht neben Dickis Schlafkorb in ihrem weißen Schaukelstuhl und schaut über die Wiese. bis hinauf zum dichten Bergwaldrand. Gedankenverloren streichelt sie Dekicas alten Charakterkopf und die Schlappohren.
„Jaja, denn hätte Sonnys empfindliche Nase die Buben nicht erschnüffelt da oben auf dem Balkon am Bach, wer weiß, wo die beiden tapferen Ausreißer die ganze Nacht verbracht hätten?“, hört Dekica ihre leise Stimme.
„Was denkst du, mein Dicki, wie das Zwillings-Abenteuer weitergegangen wäre ohne uns drei todesmutige Retter?“

Der Rüde hebt die Schnauze. „Hallo! Weiter streicheln, Frauchen! Bitte!!“ Aber Frauchens Hand verschwindet von seinem Rücken „Das geht jetzt nicht, mein Männlein. Zum Schreiben braucht euer Frauchen leider die rechte Hand. Schmusen ist später wieder dran. Jetzt lass mich mal in Ruhe weiter nachdenken. Ach, könntest du mir doch dabei helfen, du kluger Bursche! Du bist ja genauso von Anfang an dabei gewesen.“ Der Rüde legt den Kopf zurück auf seine überkreuzten Vorderpfoten. *`Du, Frauchen, was schreibst du da eigentlich so eifrig in deinem Schaukelstuhl?´* Er blinzelt mit einem Auge zu ihr hoch. *`Schläfst du, Frauchen?´* Oh, nein! Zwischendurch guckt sie immer mal auf ein größeres Papier. „Schade, weil ihr Hundchen euch nicht erkennen könnt auf diesen gelungenen Zeitungs-

Fotos. Wer hätte gedacht, dass wir drei noch irgendwann in die Tagespresse kommen?“ Schon flitzt ihre rechte Hand weiter über das kleinere Blatt. Mit einem Stift. Der lässt auf dem Papier mehr und mehr Schrift erscheinen. Nachdenken … Schreiben … Wieder Nachdenken ... Immer im Wechsel. Zwischendurch senkt sich die Hand zu Dekica, streicht über seinen Kopf und den Rücken. Wo steckt eigentlich Sonny? Hat sie sich ins kühle Haus verkrochen? Er macht die Augen zu. *`Na also! Kannst ja doch streicheln.´* Er genießt die weichen Finger auf seinem Fell. *`Nicht aufhören, Frauchen, bitte!´*

„Wovon träumst du, alter Knabe?“, fragt Frauchen, weil seine Hinterbeine heftig zucken. Von seinen alten Freunden träumt er. Auch von seinen Müll-Gegnern. Weit weg sind sie inzwischen, und er vermisst sie alle nicht besonders. Seine wenigen Feinde schon gar kein bisschen. Hier geht es ihm gut auf seine alten Tage. Er fühlt sich hundewohl bei Sonny und Sophie-Frauchen. Hier will er bleiben, bis er in den Hundehimmel geholt wird. Und wenn die netten Buben mit ihrem munteren Neuen kommen, fühlt Dekica sich nochmal richtig jung in seiner guten neuen Heimat. Neben der verlockenden Wiese mit den vielen Mauselöchern und den leckeren Grashalmen, auf denen er so gerne herumkaut.

Falls er irgendwann mal wieder auf die Welt kommt, ob er dann ein Schaf sein darf? Den ganzen Tag leckeres frisches Gras fressen? Soll er sein schlaues Frauchen danach fragen? Nein, die stört er gerade besser nicht. Die schreibt und schreibt und schreibt …. „Genau! KIDNAPPING?“, hört er sie murmeln. *`Wieso, Frauchen?´* Er legt die Ohren an.

„Nicht mit UNS!“ *`Warum? Wen meinst du, Frauchen?´*

Er wundert sich. Hat er das eben richtig verstanden?

Was wird das für eine seltsame Geschichte? Kommen Sonny und Dekica vielleicht auch mit darin vor?

Muss er das alles begreifen in seinem schon viel zu alten Hundekopf? „Jedenfalls wird ´s ziemlich spannend. Und kaum zu glauben. Sozusagen höchst unwahrscheinlich …“, murmelt die Frauchen-Stimme immerzu weiter.

`Jaja. Wenn du das meinst, Frauchen!´ Dekica beschließt, bei der Hitze einfach weiter zu schlafen. Und sein Sophie-Frauchen schreibt … und schreibt … und schreibt.

Endlich! Sophie legt den Stift hin. Sie atmet tief durch, reckt die Arme in die Luft. Ein paar Mal sanft über Dickis Rücken streicheln. Ja, ihr zwei, jetzt hat das böse Frauchen wieder Zeit für euch. Sie hockt sich vor Dekica, umfasst mit beiden Händen seinen Kopf und schaut nachdenklich in seine großen, ausdrucksvollen braunen Hundeaugen.

„Sorry, mein Dicki! Das eben musste sein! Unbedingt! Eine dermaßen verrückte Geschichte muss ich einfach aufschreiben. Und wisst ihr was? Ich habe da so was wie ein Bauchgefühl: Die ist noch nicht zu Ende. Noch lange nicht! Irgendwas passiert noch. Was Ungewöhnliches, meine ich. Aber was kann das Spannendes sein? Ach, woher sollt ihr Hunde das wissen, wenn nicht mal euer kluges Frauchen eine blasse Ahnung hat, was noch auf uns zukommen will?“

KAPITEL 20: BENNY

Am ersten Schultag in der neuen Schule steht bei der Begrüßung in der Aula neben uns eine Familie, die uns sofort auffällt: Dunkle Haut, Haare und Augen. Aus Afghanistan kommen sie, stellt der Vater sie vor. Seit gut drei Jahren sind sie hier. „ Aha! Daher sprechen Sie ein fehlerloses Deutsch?“, fragt Mama und gibt Eltern und Sohn die Hand. Höflich machen wir es ihr nach. Der Sohn kommt in unsere Klasse, die 5b. „Willst du dich zu mir setzen?“, frage ich, denn Ronny hat sich mit seinem besten Freund Lenny verabredet. Der neue Klassenlehrer begrüßt uns auf Englisch. Denn er wird uns in den Fächern Deutsch, Englisch und Sport unterrichten. Wow! Das passt! Er stellt sich uns als Markus Liebermann vor. Unverheiratet, Mitte dreißig.

Sein treuer und mächtig verfressener Lebensgefährte ist der Hugo: Ein stattlicher, oft eigenwilliger Labrador-Rüde.

Entspanntes Gelächter. Der Mann hat eine Ausstrahlung, mit der wir leben können. Da ist es piepegal, wenn er keine überwältigende Schönheit ist.

Wir sagen unsere Vornamen laut in die Runde, und der Liebermann meint zu Ron und mir ganz locker:

„Oh, twin-brothers! That ´s great! And pretty equal both of you!“ Großartig? Ach so. Wir, die Zwillinge, die er kaum auseinanderhalten kann. (*Tja, spätestens jetzt wissen wir ´s, warum wir nicht dieselbe Frisur haben. Witz, komm raus!*)

Sein Zwillingsbruder Manuel und er waren damals die einzigen, äußerlich völlig identischen Zwillinge an der Grundschule. Wir sollen ihm bitte nur zwei Tage Zeit geben, bis er unsere fünfundzwanzig Namen auswendig weiß.

Dann wendet er sich wieder uns beiden zu: „Ihr seid doch die zwei Buben gewesen, die man vor kurzem entführen wollte?“ Die anderen staunen uns an wie Wundertiere, weil wir fröhlich nicken. Ob wir davon erzählen möchten? Nee, nicht wirklich. Andermal? Das Interview haben ja wohl die meisten im TV geguckt. Und in der Zeitung stand das auch alles ausführlich. Reicht das nicht? Uns jedenfalls dicke! Garantiert wissen alle mehr über unser Abenteuer als wir.
Er versteht uns. Dann bittet er meinen Nachbarn, seinen für uns ungewöhnlichen Namen an die Tafel zu schreiben: HAMID. (*Klingt witzig! Wenigstens heißt er nicht Achmed, Ali oder Mohammed.*) Möchte er uns morgen sagen, aus welchem fernen Land seine Familie kommt, wie lange sie bereits hier leben und so weiter? Hamid nickt mit einem feinen Lächeln: „Das mache ich gerne, Herr Liebermann.“ Hinter mir höre ich leise: „Scheiß-Ausländer!“ Hää? Hab ich ´nen Hörschaden? „Jeder ist mal Ausländer“, zische ich los, und zwar lauter als beabsichtigt. „Oder verreist ihr nie? Wie behindert kann einer ticken? Ich kann mir Namen leider ganz schlecht merken. Darf ich dich *`Arschloch!´* nennen?“ Unser Lieber-Mann, wie ich ihn auf Anhieb getauft habe, guckt zuerst mich, dann seine neue Klasse an, wohl mehr verdutzt als ärgerlich. „Danke, Ben! Oder - Ron? Mehr zu diesem Thema in einer der nächsten Stunden. Bis dahin denkt mal jeder von euch drüber nach, was wir da soeben hören durften.“ Er nickt seelenruhig zu Hamid herüber. Der verzieht keine Miene. Ich kann es aber allzu deutlich spüren, wie es sehr tief in ihm rumort.
Sein Dad ist Arzt, verrät er mir leise. In der Herzchirurgie im großen neuen Kreislaufzentrum vom Nachbarort. Ich habe sofort einen Draht zu ihm wegen seiner ruhigen, be-

stimmten Art. Kein bisschen der Angeber-Typ. Stattdessen scheint er voll clever und zuverlässig zu sein. Mein Zwilling sieht das ähnlich. „Dieser abartige, so was von eingebildete Arsch!“, ist sein Kommentar zu der saudämlichen Bemerkung von eben. „Dem werden wir´s schon zeigen!“

Nach der ersten Schulwoche fragen wir Hamid, ob er nachmittags zu uns kommen will. Seine fast schwarzen, ausdrucksvollen Augen leuchten überrascht auf.

„Ich werde sehr gerne kommen, ihr Zwillinge. Danke!“

Auch unsere Mutter mag ihn auf Anhieb. „Wie gut erzogen er ist“, lobt sie ihn. „Seine Eltern sehen genauso sympathisch aus.“ Ohne viele Worte ist schnell sonnenklar:

Wir drei sind ab sofort Freunde.

Hamids Familie wohnt am anderen Ende unserer Straße in der Hausnummer drei. Allerdings erst seit vier Wochen. Deswegen sind wir uns in den Ferien noch nicht über den Weg gelaufen.

„Die alte Villa in dem riesigen Garten, die könnte mir auch gefallen“, schwärmt Ronny unseren Eltern vor nach unserem ersten Besuch bei Hamids Familie. „Da drin ist es saugemütlich und irgendwie bisschen orientalisch.“

Papa schmunzelt: „Kein Wunder. Sie haben sich ein Stück von ihrer wunderbaren Heimat bewahrt. Bestimmt haben sie große Sehnsucht dorthin.“ Er zeigt uns ein paar Fotos von einer längeren, extrem interessanten Gruppenreise durch Afghanistan, damals aus seiner Studentenzeit.

Hamid gibt zu, wie gerne er dorthin zurückkehren würde zu den vielen Verwandten und Freunden. Unser Land wird ihm immer fremd bleiben, obwohl seine Familie gerne hier lebt und inzwischen einen netten Freundeskreis hat. Seine kleinen Schwestern Akane und Aditya sind auch Zwillinge.

„Zum Abknutschen sehen sie aus mit ihren kohlschwarzen Kirschenaugen und der Schokoladenhaut“, findet Mama.

Keiner kann sie unterscheiden außer Shahar, ihrer Mutter.

Ihr Vater Rashid und Bruder Hamid verwechseln sie grundsätzlich und rufen sie deswegen nur: „AK-AD!“ Das stimmt jedenfalls immer, und beide Mädchen hören darauf.

„Auch ein-eiige“, hat Ron bei der Begrüßung kichernd festgestellt und bewundernd in die vier gleichen Kirschenaugen gestarrt.

„Soll ich mir die Haare so kurz abrasieren lassen wie du! Dann verwechseln uns auch alle.“ Äh? Nee! Ich will mir meinen Zwilling nicht als Igelhaar vorstellen. Doch seine Idee, ich könnte mir auch lange Strähnen wachsen lassen, gefällt Hamid kein bisschen. „Ich will euch unterscheiden können“, sagt er ernsthaft. „Bingo! Ganz meine Meinung, Hamid.“ Übermütig zause ich Ronnys Haarpracht.

Die süßen afghanischen Zwillinge schauen neugierig, aber stumm in unsere gleichen Gesichter. „Bei Fremden sind sie sehr schüchtern. Aber nur am Anfang“, entschuldigt Hamid seine Schwestern. „Täuscht euch nicht in ihnen. Ihr werdet bald merken, wie temperamentvoll sie wirklich sind.“

Stimmt zweihundertpro!! Aber das können wir an dem Tag noch kein bisschen ahnen. Zwei Wochen später toben wir alle fünf lautstark durch diesen herrlich verwilderten Garten.

„Unsere Eltern haben zu wenig Zeit, aus der Wildnis einen gepflegten Vorzeigegarten zu gestalten“, sagt Hamid.

„Passt doch!“, sind wir uns einig. Gepflegte nur Vorzeigegärten sind so was von nicht unser Ding!

Wer dann auf die Idee gekommen ist, ein Baumhaus zu bauen? In der riesigen Rotbuche am Ende des Grundstücks. Ich glaube mal, das war Lenny, der inzwischen auch dazu gehört. Im Schuppen an der Rückseite der Villa finden wir Werkzeug, aber nur einige wirklich brauchbare Holzreste. Unsere Mutter fährt mit uns ins Holzcenter, und wir suchen passende Bretter aus. Bevor wir loslegen, schaut Hamid sich unser altes Baumhaus in der hohen Kastanie genau an.

„So machen wir es auch bei uns", meint er zuversichtlich. Wir sind ein gutes Bau-Team. Flink wie schwarze Eichhörnchen klettern die zierlichen Zwillinge unermüdlich zwischen den dicken Ästen herum „Wieso könnt ihr so gut mit Hammer und Säge umgehen?", wundert sich Ron.

„Unser Großvater hat es uns Kindern gezeigt. In seinem kleinen Dorf, nur fünfzehn Kilometer von Kabul entfernt, haben unsere Großeltern einen schönen riesigen Garten. Und eine Werkstatt mit allerlei Geräten und Werkzeugen. „Sogar die Mädchen dürfen das lernen? Haben die Frauen in eurem Land nicht andere Aufgaben?", fragen wir.

„Richtig. Sie lernen, die wundervollsten Handarbeiten anzufertigen. Trotzdem dürfen sie genauso gute Handwerker sein wie wir Jungen", erklärt Hamid uns selbstbewusst.

Er schlägt vor, seine geschickte Mutter Shahar um Hilfe zu bitten. Das Baumhaus soll noch im Sommer fertig werden. Auch der Lenny hat diese berühmten *`zwei rechten Hände´*, stellen wir zufrieden fest. Und es macht ihm voll den Spaß, mit den Zwillingen im Baum herumzuturnen. Er ist nicht nur schwindelfrei. Er hat auch vor nix und keinem Angst.

„Vier clevere Jungen mit zwei winzigen, jedoch äußerst geschickten Mädchen schaffen mehr als drei", lobt Papa

Doktor unsere Fortschritte. „Wann feiert ihr euer Richtfest?“ Gar nicht, beschließen wir. Wir werden lieber gleich einziehen, sobald wir die Dachbretter festgenagelt haben.

Zur Einweihung der `VILLA HARBAL´ laden wir natürlich auch unsere Eltern ein. Papa hat direkt mal Zeit für uns. Stark! An einem stinknormalen Samstagnachmittag!

„Wie seid ihr eigentlich auf diesen merkwürdigen Namen gekommen?“, möchten die Erwachsenen wissen.

Wir grinsen verschmitzt und empfehlen: „Nachdenken ist gut für eure grauen Zellen.“ Bei Doktor Bavari klingelt es zuerst. Er stellt uns Sechs in der richtigen Reihenfolge auf. Nebeneinander. Und betont langsam: „H-A-R-B-A-L.“

Wir sollen uns an den Händen fassen und unsere Namen nacheinander sagen. Danach nur die Anfangsbuchstaben.

„Aha! So simpel ist das!“ Mama lacht vergnügt in die Runde. „Wem von euch ist das eingefallen?“ Null Ahnung!

„VILLA HARBAL ist ein passender Name für ein feines Schloss im Baum.“ Mutter Shahars Augen funkeln in der Sonne wie strahlende dunkle Diamanten.

„Ein Schloss! Yeah!“ Akane und Aditya hüpfen um den mächtigen Stamm herum wie übermütige schwarze Fohlen.

Wir sitzen an diesem milden Sommerabend noch ewig im Garten. „Wie lange kennen wir uns jetzt?“, überlegt Papa. „Eine Ewigkeit!“, rufen wir Kids im Chor und reißen die Arme hoch. Wenige Wochen können eine Ewigkeit sein!

„Ja, so scheint mir das auch.“ Nun leuchten auch Mamas blaugraue Augen auf und glitzern wie zwei kleine Bergseen in der frühen Morgensonne.

Wir nehmen uns vor, am nächsten Wochenende alle sechs in unserem Baumschloss zu übernachten.

„Wird bisschen eng“, meint Ronny. „Was soll ´s? Wärmen wir uns einfach gegenseitig“, schlägt Lenny vor.

Die ganze Woche freuen wir uns darauf. Ab Montag liegen unsere Schlafsackrollen neben den Betten bereit.

„Brauchen wir nicht auch Zahnbürsten?“, überlegt Ronny. „Quatsch!“, sage ich. „Für die eine Nacht dürfen Karius und Baktus ungestört Löcher graben. Wenn wir nicht schlafen können, halten wir uns mit massenweise Schoki und Cola light munter.“ - „Sowieso!“ Zahnbürsten-Problem gelöst! Brauchen wir auch keine Zahncreme einzupacken.

Und leckere Schoki haben wir mehr als nötig an diesem späten Samstagabend bei wolkenlosem, also sternklarem Himmel. Dazu Cola normal. Literweise. Auch für AKAD!

„Aber nur ausnahmsweise!“, zitieren wir unsere Mutter. Wir kichern, blödeln, gackern albern herum. Nachbarn, die das stören könnte, wohnen weit genug weg.

Meinem Zwilling fallen die Augen als Erstem zu. Der Dreiviertelmond hält mich putzmunter. Sogar die Mädchen sind noch hellwach. Mitternacht ist lange vorbei, da fällt uns immer noch irgendein blöder Spruch ein. Lenny ist darin unschlagbar. „Soll Atommüll zum Mars?“, fragt er. Nee, weiß ich. Weil: MARS macht mobil und bringt verbrauchte Energie sofort zurück. Ich mache weiter: „Du dressierst deinen Hund so lange, bis er über den Badesee fliegen kann. Was fragen besonders schlaue Leute dann?“ Keiner kommt drauf. „Haha! Dein Köter ist wohl wasserscheu?“

Dann fällt es dem Lenny noch ein: „Hört mal, Leute! Heute ist der erste Tag vom Rest unseres hoffentlich noch langen Lebens. Also, warum feiern wir ihn nicht?“ Darauf brauchen wir wieder mal einen großen Schluck aus der Cola-Flasche.

Irgendwann brauchen wir der Reihe nach auch das Klo. Wir Jungen pinkeln ins Gras. Die Mädchen verschwinden eilig im Haus. Erleichtert klettern wir die wacklige Leiter wieder hoch und kriechen in die Schlafsäcke. Es ist kühl geworden. Ronny schnarcht leise und regelmäßig vor sich hin.

Ich gähne. Stecke Lenny damit an. „Schlafen wir besser endlich eine Runde?", schlägt Hamid gähnend vor.

„Müde bin ich Känguru, schließe meinen Beutel zu!", höre ich Lenny noch, dann bin ich weg.

Es wird schon dämmrig, als ich hochschrecke. Uff! So ein belämmerter Alptraum! Das rote Klapperauto düste volle Kanne auf Ronny zu. Ich riss ihn zur Seite. Wir kollerten in rasendem Tempo einen steilen Abhang runter …

Ich öffne vorsichtig die Augen. Wo bist du, Bruder? Die fünf anderen schlafen friedlich. Nur die Nasen gucken aus den sechs Schlafsäcken heraus. Auch Lenny schnarcht leise.

Ich reibe mir die Augen, kneife sie zu, reiße sie auf. Sechs Nasen? Nee, ich zähle nur vier. Wieso sind Schlafsack fünf und sechs neben mir leer? Ron seufzt im Schlaf.

„Typisch Mini-Weiber!" Ich drehe mich auf die Seite, ziehe den Reißverschluss so hoch wie möglich. In meinem Kopf beginnt es zu kreisen und zu schwanken wie auf einem Schiff bei Windstärke neun bis zehn. Fast ein Orkan?

„Die haben ´s gut! Kuscheln sich in ihre bequemen Betten. Unfair! Und wir dürfen auf den harten Brettern rumliegen. Typische Weicheier …" Ich werde wach, weil ein

Sonnenstrahl meine Nasenspitze kitzelt und mein Bruder mir ins Ohr flüstert: „Hey, Benny! Wo sind die Zwillinge?“

Blöde Frage! Ich komme schwer zurück in die VILLA HARBAL. Hier bin ICH, der Benny! Und da bist DU, der Ronny. Lass mich in Ruhe wach werden! He, ich wollt´, ich
wär ´n Teppich! Dann könnte ich einfach liegenbleiben!“ Denkste! Ron gibt keine Ruhe. „Die Mädchen! Akane und Aditya! Wo sind die beiden?“ Ich maule ihn an: „In ihren Betten. Wo sonst, Nervensäge!“ Hamid blinzelt verschlafen in die Sonne. „Da gehören sie auch hin, die Prinzessinnen“, brummelt er. „Habe ich einen dämlichen Unsinn geträumt.“ Gerade wollen wir ihn nach diesem Unsinn ausquetschen, da hören wir Hamids Vater unter uns rufen: „Guten Morgen, ihr alle sechs Nasen im Baumschloss.“ Wir gucken uns an. „Wir sind nur noch vier Nasen hier oben!“, antwortet Hamid nach unten. „Unsere süßen Eichhörnchen sind längst zur Mama zum Kuscheln ausgeflogen.“

Es dauert, bis wir kapieren: Unsere Mädchen sind nicht einfach ausgeflogen. Schon gar nicht zur Mama. Erst recht nicht zum Kuscheln. Sie sind nämlich auch nicht in ihren Betten. Schon fängt das große Prinzessinnen-Suchen an. Im Haus von unten nach oben und zurück. Im Garten von einer Ecke zur nächsten und wieder von vorne.

Außer einem rostigen Rechen, auf den mein armer Bruder fluchend drauftritt, finden wir nullkommanull. Keine noch so winzige Spur von zwei Prinzessinnen-Nasen. Schon gar keine süßen zierlichen Pyjama-Mädchen.

Inzwischen ist es 8:15. „Verflixt, wo stecken die beiden?“, poltert der Herr Doktor Rashid plötzlich los und schimpft sogar laut und deutlich in seiner Heimatsprache.

„Langsam hört der Spaß auf“, sagt Hamid leise, denn auch Mutter Shahar steht inzwischen unter unserem Baum. Blass ist sie und stützt sich auf ihren Mann. Beide scheinen sich große Sorgen zu machen. Warum das wohl?

Um 8:45 sind wir uns sicher:

Das hier ist kein Spaß mehr! Fragend schaut Ronny mich an. Ich spüre sofort, was er meint, lege den Zeigefinger auf die Lippen. „Stopp! Sag ´s nicht laut! Bitte, Bruderherz!“

Er kapiert ausnahmsweise sofort. Schaut mich fragend an.

Statt zum ausgiebigen gemütlichen Baumhaus-Frühstück starten wir als Suchtrupps in die nähere Umgebung. Wir klappern sämtliche Nachbarn ab. Unsere Eltern sind mittlerweile auch da. Mama, der alle Farbe aus dem Gesicht gerutscht ist, beruhigt die laut schluchzende Shahar.

Ich hetze neben Papa durch unsere sonntagsstillen Straßen, nachdem wir der Doktorfamilie im Eiltempo von unserem Zwillings-Entführungsversuch berichtet haben. Nein, davon wussten sie bisher nichts und regieren entsprechend verwirrt und auffallend geschockt. Besonders Mutter Shahar.

Unser Vater klärt mich auf, warum Hamids Eltern sich wahninnige Sorgen machen müssen. Falls die Mädchen entführt wurden, handelt es sich bei ihren Kidnappern hundertprozentig um eine völlig andere Größenordnung als bei unseren lächerlichen Anfängern und ihrer Bruchbude im Wald.

Der Hintergrund ist relativ sicher ein politischer. Man wird versuchen, die Zwillinge nach Afghanistan heraus zu schmuggeln. Ich reiße die Augen entsetzt auf. Aber warum, Papa? Was sollen sie da? Sie wohnen doch jetzt hier?

Weil man Doktor Bavari erpressen will. Er soll gezwungen werden, mit der Familie in seine Heimat zurückzukehren. Dort wird er dringend gebraucht als besonders erfahrener Herzspezialist. Und in seiner Heimat gibt es zu viel zu tun.

Ich verschlucke mich vor Schreck. Es klingt eher wie ein bösartiger Witz. Ist aber leider keiner. Ich verstehe fast nix mehr. Nur so viel, dass es hier ums Ganze zu gehen scheint.

Arme Familie Bavari! Könnten wir euch doch helfen …

KAPITEL 21: BENNY

Dann sitzen wir an unserer Küchenbar. Wir reiben uns verstohlen die geröteten Augen und halten Kriegsrat. Geschockt erfahren wir von früheren Drohungen gegen die Arztfamilie. Nutzen diese megafiesen Politiker kleine unschuldige Kinder, um ihre führenden Köpfe aus dem Ausland in die Krisenregion Afghanistan zurück zu zwingen?

„So ´ne miese Sauerei!“, poltere ich los. Muss dringend Dampf ablassen. „Was können zwei winzige Mädchen für schmutzige Politik?“ Doktor Bavari scheint durch mich hindurch zu sehen. „Was können wir noch tun?“ Seine Stimme ist nur ein heiseres Flüstern. „Bleiben wir ganz ruhig“, sagt Mama ebenso leise. „Denken wir nach. Was genau könnten eventuelle Entführer planen?“

„Wenn wir genau das wüssten!“, stöhnt er. „Wie sollen wir sie beschützen, unsere armen Kleinen?“

Das kann wohl in diesem Fall nur die Kripo, müssen wir einsehen. Mit sachlicher Stimme gibt unser Vater die akute Situation per Smartphone durch. Und zwar direkt an den Kommissar Weinreich. Keine fünfzehn Minuten später steht er vor der Tür, zusammen mit einem älteren Kollegen.

Wir atmen hörbar auf. `Die Polizei, dein Freund und dein Helfer!´, schießt es mir durch den Kopf. Sie haben UNSERE Rettung geschafft. Da schaffen sie es natürlich auch, die zwei süßen PRINZESSINNEN zu finden, - rede ich mir ein.

Die Beamten hören sich die Vermutungen von Doktor Bavari und unserem Vater scheinbar in aller Seelenruhe an.

Per Internet gibt Oliver Weinreich die Fahndung sofort an seine Dienststelle weiter.

„Jeder Bahnhof und jeder Flughafen, alle Grenzkontrollen Richtung Süden werden ab jetzt von unseren Sicherheitskräften scharf bewacht“, versichert er uns. Sein Kollege spricht weiter: „Weil die Entführer und ihre Mittelsmänner exakt das erwarten, verstecken sie die Kinder vermutlich zunächst für ein paar Tage in der Nähe. Wir glauben, wir haben gute Chancen, heute noch eine heiße Spur zu finden.“

Wir alle atmen tief durch. Wenn du doch Recht hast, Mann!!, denke ich und habe plötzlich ein komisches, nee, mehr ein höllisch unangenehmes Kribbeln im Bauch.

„Die HUNDE!“, platze ich raus. Kommissar Weinreich guckt mich verdutzt an. „Klar! Die Hunde!“, tönt auch Ron.

„Du meinst, …?“ Ich glühe vor Eifer. „Jaja! Genau! Wir müssen Sophie alarmieren. Wenn wir Sonny und dem Dicki irgendwas von den Mädchen vor die Nasen halten, …“

Ronny fällt mir ins Wort: „Seppel kann das auch, wetten?“ Die beiden Kommissare überlegen kurz. „Keine schlechte Idee, ihr schlauen Zwillinge. Ja, einen Versuch ist es wert. Was meinen Sie, Doktor Bavari?“

Hamids Eltern tauschen einen langen verzweifelten Blick. „Wir sind mit allem einverstanden, solange es das Leben unserer Kinder nicht unnötig gefährdet“, sagt Doktor Bavari, diesmal mit fester Stimme. Klingt aus dieser beherrschten Stimme ein deutlicher Hoffnungsschimmer heraus?

„Worauf warten wir noch? Los! Auf zu Sophie!“ Schon hat unser Vater das Hundefrauchen am Ohr. „Hallo, Sophie! Bist du zu Hause? Ja! … Wir brauchen mal wieder eure Hilfe!“, hören wir. „Ja! Stimmt! … Ist eilig! Okay! Sind schon auf dem Weg zu euch.“ Papa wirft Mama ihre Fahrzeugschlüssel zu und drängt uns zu den Autos.

Mein Bruder zerrt den kläffenden Seppel hinter sich her. „Komm schon, Seppi! Auf geht ´s! Zu Sonny und Dicki!“ Das schwarze, pfiffige Kerlchen spitzt die Ohren und schaut fragend zu uns hoch. Spürt auch der Seppel die allgemeine Aufregung? So ähnlich wie die alte Sonny und der Dekica?

Ich drücke Alarm auf Sophies Klingel, während Ronny nach hinten zum Wintergarten stürmt.

Sophie wird blass um die Nase bei unserem eiligen Kurzbericht. Oh, nein!! Noch solch ein Schock!?? Sie gibt sich einen Ruck, greift panisch nach beiden Halsbändern und den Leinen. „Sonny! Dicki! Raus mit uns! Es gibt Arbeit für euch Spürnasen.“ Wir Zwillinge fahren in ihrem Auto mit, um die nervösen Hunde zu beruhigen. Ob sie wohl ahnen, wie megawichtig dieser Einsatz für sie sein wird?

Oliver Weinreich hat uns empfohlen, im nächstgrößeren Nachbarort mit der Suche zu beginnen.

In drei Gruppen ziehen wir los, jede hinter einem Hund her. Wie harmlose Spaziergänger bei der Vormittags-Gassi-Runde. Ronny lässt sich von Seppel durch die Straßen ziehen, hinter ihm unsere Mama und der Doktor. Ich bin mit Hamid bei Sophie und Dekica. Sonny lässt sich willig von unserem Vater führen, der sich angeregt mit einem jungen Beamten in Jeans und Sporthemd unterhält.

Sein Smartphone nimmt alle Meldungen aus den Gruppen entgegen. Er ist sozusagen unsere Telefonzentrale.

Mutter Shahar bewacht in der Villa das Festnetz-Telefon. Olivia Panzer und zwei rasch herbeigerufene Freundinnen stehen ihr bei. Sie scheint ziemlich neben der Spur zu sein.

Dekica hat Spaß an Unmengen fremder Duftmarken in der unbekannten Umgebung. Alle paar Meter hebt er sein Bein, setzt eifrig seine Signale und schnüffelt ausgiebig an jeder Ecke. Sophie hat ein weißes T-Shirt von Akane und das kleine bunte Schlafkissen von Aditya dabei in ihrer Umhängetasche. Alle paar Minuten hält sie beides dem Rüden vor die Schnauze. „Such, Dicki! Such die zwei Kinder!"

Dazwischen hält sie ihm kleine Brocken von Kaustreifen hin. Die schnappt er gierig aus ihren Fingern. Er schnüffelt interessiert am Stoff, trottet langsam weiter voran.

Sophie hat vorgeschlagen, uns am Ortsrand umzusehen. Wir erreichen einen großen, gepflegten Fußballplatz. eine lange, überdachte Tribüne, ein flaches Vereinsgebäude. Kein Mensch ist zu sehen. Wir gehen an dem Gelände vorbei, kommen zu einem Auto-Friedhof. Dahinter fangen Wiesen an, die sich bis zum Fuß hoher Berge erstrecken.

Dekica bleibt stehen wie angewurzelt, hebt die Nase in die Luft. Wittert er etwas? Er fängt sein lautes Gebell an, will kaum aufhören, knurrt dazwischen tief und drohend.

Sophie greift nach ihrem vibrierenden Handy.

Papa möchte unseren möglichst genauen Standort wissen. Auch seine Gruppe ist jetzt mit Seppel am Ortsrand, etwa zwei Kilometer von uns entfernt. Nix Auffälliges! Ebenso wenig von Mamas Gruppe mit Sonny-Schnüffelnase.

Inzwischen ist Mittagszeit. „Du müsstest längst Hunger haben, Dickilein." Sophie hält ihm ein Leckerchen hin.

Oh ja, Frauchen. Dekica hat immer Mittagshunger, auch mitten in der Nacht! „Komm, Männlein. Keine Fresspause! Weitersuchen!“ Sie hält ihm das Kissen vor die Nase.

Voll öde und nervig ist das! Wie und wo soll unser Spürhund hier in der Einöde eine heiße Spur erschnuppern?

Neben Auto-Skeletten, die nur noch vom Rost zusammengehalten werden? Auf einem menschenleeren Fußballplatz? Ich bleibe stehen, peile mit dem Feldstecher rüber zu den dunkelgrünen Berghängen.

„Sind sie vielleicht auch in einer Hütte mitten im Wald, so wie wir?“, murmele ich vor mich hin. Dann sind wir hier so was von verkehrt! Hamid stößt mich an, ich gebe ihm das Fernglas weiter. Er sucht die nähere Umgebung gründlich ab, reicht das Glas an Sophie weiter, zeigt über die Autowracks hinweg. „Du meinst die Wohnwagen dahinten?“, fragt sie. Er nickt. „Wäre ein optimales Versteck, oder?“

„Komm, mein Dicki! Such!“ Sie schiebt Dekicas Hinterteil vorwärts und wedelt mit dem T-Shirt vor seiner Schnauze herum. Er zerrt sie an der Leine mit sich weiter. Dicht neben der löchrigen Einzäunung des Autofriedhofs schleichen wir hintereinander durch hohes Unkraut. Da, wo der Zaun endet, fängt eine stillgelegte Kiesgrube an.

Mehrere Wohnwagen stehen nicht weit von ihrem Rand. Verdreckt und unbewohnt sehen sie aus, - wie ewig nicht mehr zum Camping benutzt. Unruhig pendelt der Hundeschwanz hin und her. Die straffe Leine am Halsband scheint den Rüden zu stören. Er stößt kurze, jaffende Laute aus, hechelt aufgeregt, mit weit heraushängender Zunge, von der sein Speichel in Fäden tropft.

„Ihr bleibt hier!“, signalisiert Sophie. „Wir beide sind Hundchen und Frauchen beim Sonntagsgassi und schlendern da jetzt mal zwangslos vorbei. Achte auf dein Handy, Ben!“ Schon marschiert sie ihrem Dicki hinterher, schaut hoch in die Luft, hinauf zu blütenweißen Wolkenbergen ... Sie lobt ihren musterbraven Hund, streichelt ihn oft, hält ihm eine Belohnung hin ... Geduckt hinter niedrigen Sträuchern beobachten wir sie abwechselnd durchs Fernglas.

Nun sind die zwei auf gleicher Höhe mit dem ersten Wohnwagen. Nein, das ist ein Wohnmobil, das schon mal bessere Zeiten gesehen hat. „Ist das noch fahrtüchtig?“, fragt Hamid.

Sophie bleibt stehen, redet mit ihrem Hund, kramt umständlich in ihrer Bauchtasche. Beide gehen weiter, fast schon auffallend langsam. Nach ungefähr fünf Metern dasselbe Spiel. Wir sehen sie im Schneckentempo zurückkommen. Flüsternd berichtet sie: „Irgendwas ist da faul. Nein, oberfaul!“ Dicki reagiert sehr unruhig. Nix zu sehen. Nix zu hören in den Wagen. Aber deutliche, frische, breite Reifenspuren. Von einem Jeep vielleicht? Ein Landrover?

Das Wohnmobil scheint noch fahrtüchtig zu sein. Es wirkt jedenfalls halb so vergammelt wie die vier Wohnwagen dahinter. Nummernschilder? Hat es allerdings auch keine.

„Die kann man fix wieder anschrauben“, weiß Hamid.

Wir hocken uns ins struppige Gras, beraten leise. Mit überkreuzten Pfoten liegt der Rüde zwischen Frauchen und mir, schnüffelt immer wieder in Richtung der Wohnwagen.

Hamid legt seinen Zeigefinger auf die Lippen. „Da kommt einer!! Runter mit euch!“ Wir ducken uns tief ins Gras.

Ein Radfahrer nähert sich rasch. Er stellt das Fahrrad am größten der Wagen ab, nähert sich der Tür vom Wohnmobil. Jemand öffnet ihm, während er sich misstrauisch umschaut. Er hat einen Pappkarton unterm Arm und scheint mit dem Jemand im Wagen zu reden. Ohne zu zögern, löst Sophie die Leine vom Halsband und hält Stoff und Kissen vor die feuchte Hundenase. „Aufstehn, Dicki! Es gibt was zu tun!!“ Der Rüde schaut sie aufmerksam an, bekommt ein ganzes Stück Kaustreifen, leckt zufrieden die Schnauze, schnuffelt. „Lauf, alter Junge!“ Er bekommt einen leichten Klaps auf den Hintern und läuft drauflos, ohne sich umzusehen.

„Super, Dicki!“, lobt Sophie. Wir wechseln uns mit dem Feldstecher ab.

Der Radfahrer ist anscheinend im Wagen verschwunden. Die Tür ist zu. Schon hat der Rüde seine Witterung aufgenommen. Er umkreist laut kläffend das Wohnmobil. Sein Schwanz schlägt heftig dagegen. Das nervige, laute Bellen tönt unheimlich hinüber zu den rostigen Blechgerippen hinter uns. Wir ducken uns noch tiefer ins Gras. Plötzlich fliegt die Tür auf, ein Mann lehnt sich heraus, fuchtelt hektisch mit einem Arm, will den störenden Kläffer wegscheuchen.

Dekica bellt ihn freudig an. Der Mann steigt die Stufen herunter, der aus dem Wohnmobil folgt ihm. Sie versuchen jetzt zu zweit, diesen Köter loszuwerden und brüllen ihn an. Er bellt umso lauter und freudiger. Der ganze Hund wackelt vor Aufregung. Klar, das hier ist total sein Ding!

„Ein lustiges Spiel für ihn?“, flüstert Sophie gespannt.

Das ist jedoch schlagartig alles andere als lustig. Vielleicht für den Rüden, jedoch nicht fürs entsetzte Frauchen.

„Der … hat ´ne Pistole!“, ächzt Sophie. „Der … zielt auf Dicki!“ Der andere Mann schreit den Hund stinkwütend an. Hat der eben in aller Ruhe zuerst gegen den Vorderreifen gepieselt und dann seinen Haufen direkt vor die Stufen zum Eingang gesetzt?

„Ruf den Papa an!“, zischt Sophie mir rüber und springt auf wie von einer Wespe gestochen. Wild mit beiden Armen rudernd stürzt sie aufs Wohnmobil zu.

„DE-KI-CA! Komm!! Hierher!!! Kommst du sofort her! Komm zu Frauchen!“ Schon steht sie heftig keuchend vor den Männern. Entschuldigt sie sich für ihren ungehorsamen Hund? Der Kerl mit der Pistole scheint sie hektisch und wohl ziemlich unverschämt anzumotzen. Sie sieht ihn nur stumm an, wenn wir das richtig erkennen. Völlig gelassen zieht sie ein hellrotes Teil aus der Bauchtasche. Sie bückt sich in Zeitlupe, sammelt umständlich den sehenswerten Stinkehaufen ins Hunde-Tütchen, hakt übertrieben langsam Dekicas Leine ein. Sie hebt locker die Rechte zum Gruß, geht davon mit wiegenden Schritten und hocherhobenem Kopf, Richtung Ort. Ohne auch nur einen Blick zurück. Schon gar keinen in unsere Richtung. Fällt ihr sicher schwer.

Keine zehn Minuten später fährt der Radfahrer hinter ihr her. Endlich geht sie ans Smartphone. Hastig informieren wir sie über unseren nächsten Treffpunkt mit den anderen: am Rathaus. Geduckt schleichen wir am Zaun zurück und haben es plötzlich ganz mächtig eilig, hier wegzukommen. Mit Augenrollen berichtet Sophie später der Gruppe:

Als sie die Männer erreichte, reagierten beide äußerst angespannt. Sie sprachen holpriges Deutsch. Ach so. Ja, die Pistole? Verschwunden. Aus dem Wohnmobil waren leise

Geräusche zu hören. Musik? Lachen? Der Radfahrer überholte sie langsam, grüßte sie auffällig freundlich mit einem lauten `Hallo!´, so als hätte er sie nie zuvor gesehen, und fuhr betont gemütlich vor ihr her auf die Ortsmitte zu.

Sie gibt uns sogar eine knappe Personenbeschreibung:

Ein südländischer Typ mit strähnigen schwarzen Haaren. Ungesunde dunkelgelbe Hautfarbe wie vom Kettenraucher.

Ich schlage vor: „Wir, - Hamid, Lenny, Ronny und ich - , wir gehen mit Seppel zurück, beobachten das Wohnmobil. Ihr anderen wartet mit dem Kommissar in der Villa auf uns.“ Erst bei Einbruch der Dunkelheit kann nämlich das Einsatzkommando losgeschickt werden. Bis dahin sollen die Kidnapper sich mal schön in Sicherheit wiegen dürfen.

„Sie gehen also davon aus, dass die Mädchen ausgerechnet in diesem Camping-Mobil versteckt werden?“, fragt Mama den Kommissar das, was uns allen zenterschwer auf dem Herzen liegt. Zu neunzig Prozent, hören wir unendlich froh.

Aber erst fast zwei Stunden später können wir großen Zwillinge diese Behauptung bestätigen, nachdem wir vor Ungeduld beinahe geplatzt sind auf unserem Beobachtungsposten am Zaun. Es tut sich absolut null. Null und gar nix! Wir beiden Gleichen bummeln nach einer Weile gemütlich, - allerdings mit einem miesen Grummeln im Bauch, - hinter dem übermütig kläffenden Seppel her. Als kämen wir direkt aus dem Ort, schlendern wir an den insgesamt fünf Campingwagen vorbei. Wir unterhalten uns lachend und überlaut, spielen Nachlaufen mit dem Hund, werfen ihm gefühlte hundertmal sein Stöckchen hinunter in die alte Kiesgrube.

Wir rutschen ein paarmal kreischend den Steilhang runter, quietschen und johlen dabei vor Vergnügen … Absolute Stille überall. Besonders im Inneren vom Wohnmobil.

Endlich rufen wir unseren Seppel zurück aus dem Sand, wo er eifrig Löcher buddelt, und machen uns ohne Eile auf den Heimweg. Wir bummeln vor uns hin in Richtung Ort.

Kaum sind wir dreißig Meter weg, da meldet sich ein panisch aufgeregter Hamid: „Eben war eins der Mädchen draußen zum Pipimachen. Alleine. Ohne diesen Mann."

„Bist du sicher? War es deine Schwester? Oder vielleicht eher das Kind von dem Alten da drinne?" Hamid ist sicher. Zu hundertfünfzig Prozent sogar, meint er. Sofort geben wir die Meldung an Papa weiter. Er macht sich Riesen-Sorgen um uns, weil dieser Mann bewaffnet ist.

„Alles paletti, Papa! Wir leben alle noch. Und die zwei Prinzessinnen im Wohnmobil anscheinend auch."

Der Kommissar beruhigt uns dann später, als wir mit den anderen in der Villa zusammensitzen: „Den Zwillingen wird kein Haar gekrümmt. Diese Männer werden nicht schießen, denn sie sind keine beauftragten Killer. Sie gehorchen nur ihren reichen Auftraggebern in Afghanistan. Sie selber sind bloß ganz unbedeutende kleine Lichter, - sozusagen arme Schweine, die für einen Hungerlohn arbeiten müssen."

Die zwei Mamas bereiten einen Abend-Imbiss vor, aber keiner außer uns vier Jungen hat Appetit bei der unerträglich knisternden Spannung im Raum. Um 18:55 schaltet der Doktor die Abendnachrichten ein. Wir denken zuerst, wir haben einen Hörschaden, als wir in der zweiten Meldung gleich etwas Wichtiges hören: Den Namen von unserem kleinen Ort! Hä? Wieso das jetzt? Wir klappen die Ohren nach vorne und schnappen entsetzt nach Luft. Es geht um … Oh ja, wir haben richtig gehört. Es geht um gestern am späten Abend entführte Zwillinge. Aus unserm Ort …

„Verfluchter Mist! Wer hat DAS durchsickern lassen?“ Unser Vater ist aufgesprungen, steht da mit seinen geballten Fäusten. Auch der Kommissar Weinreich ist stinkwütend: „Aber hallo! Nein, das war so nicht im Geringsten geplant, ihr verflixten Medienleute! Welcher dämliche Idiot ist wohl dafür verantwortlich? Ich drehe ihm den Hals um!“

„Falls die Entführer das gerade auch hören, sind sie in Windeseile über alle Berge“, vermutet Hamid und wagt kaum, seine geschockten Eltern anzuschauen.

Sophie mischt sich ein: „Ja, mir kam es vor, als würden diese beiden Männer unter einer Art Starkstrom stehen. Die enorme Spannung um den ganzen Wagen herum war förmlich zu greifen.“ Den Grund erklärt uns der Doktor: Wenn sie einen Fehler machen, müssen sie es furchtbar büßen.

Ich sehe Ronny an, wie er zusammenzuckt bei der Vorstellung, was das bedeuten kann. Beinahe können diese Kerle einem leidtun. Warum haben sie sich keinen einfacheren Job gesucht? - Fuck! Aber egal! Wichtiger ist, wie soll es aktuell bei uns weitergehen?

Lenny und ich schlagen Hamid vor, noch einmal mit den Rädern rauszufahren, wenn Papa uns mit dem Auto im Nachbarort absetzt. Der Kommissar findet das zwar keine gute Idee, lässt sich nach einer kurzen, lebhaften Diskussion aber von uns überzeugen. Seine einzige Bedingung:

Wir observieren das Gelände nur von weitem. Auf überhaupt gar keinen Fall lassen wir uns bei den Wohnwagen von den Gangstern überraschen. Auch die haben inzwischen vermutlich nur noch sehr dünne Nerven nach zuerst Sophies Hunde-Theater und dann unserem Zwillings-Besuch vorhin.

Und ihr Vorteil: Sie sind bewaffnet. Viel zu schnell kann einer da die Kontrolle über sich verlieren, werden wir vom Kommissar und unseren Eltern eindringlich gewarnt.

Es ist bereits fast dunkel, als wir uns mit Papa auf der anderen Seite vom Fußballplatz wiedertreffen.

Schnell ist berichtet: Im Wohnmobil brannte Licht bei zugezogenen Vorhängen. Wir schlichen uns auf Hörweite an und legten uns auf die Lauer. Mehrere Stimmen waren zu unterscheiden, zwei davon deutlich helle Kinderstimmen. Nach zehn Minuten erschien der Radfahrer und strampelte hektisch davon. Wir mussten unbedingt näher ran ans Geschehen. Die hellen Stimmen klangen keineswegs ängstlich, im Gegenteil. Wir überlegten, die Tür aufzureißen und den Kerl da drinnen in einer Hauruck-Aktion zu überwältigen. Doch wir hatten dem Kommissar unser Wort gegeben, genau das nicht zu tun. Wir flüsterten aufgeregt, als Hamid zwei hopsende kleine Schatten vor dem Wohnwagen entdeckte. Wo war der TYP?? Hatte er die Kinder vorgeschickt, weil er mit uns rechnete und uns austricksen wollte.

Es fiel uns unwahrscheinlich schwer, vor allem Hamid in seiner Panik, nicht aufzuspringen und zu den Mädchen zu rennen. Und schon sahen wir sie wieder ins Wohnmobil klettern. Die Tür war zu. Wir schlichen uns noch näher heran. Eine dunkle Stimme sagte etwas ziemlich laut.

Hamid erkannte seine Heimatsprache, konnte jedoch nicht genau verstehen. Die Kinderstimmen klangen lebhaft und direkt vergnügt. Wir haben jedenfalls genug gehört. Ab jetzt ist ausschließlich die Kripo an der Reihe.

Dann geht auf einmal alles nach Plan. Wie am Schnürchen, finden wir. Papa spricht kurz ins Smartphone mit Kommissar Weinreich. Wir verstauen eilig die Räder auf der Ladefläche unseres Geländewagens.

In der Villa erwarten uns statt der Trauergestalten, die wir zurückgelassen haben, erleichterte Mienen. Doktor Bavari hält seine weinende Shahar an sich gedrückt und spricht beruhigend auf sie ein, lächelt jedoch dabei. Dann erscheint noch eine zweite Kommissarin, die kurz vorher am Telefon Entwarnung geben konnte und nun unserer staunenden Runde berichtet:

Als die Beamten an der Kiesgrube erschienen, kamen ihnen die kichernden Mädchen entgegen gehüpft und zogen sie hinter sich her zum Wohnmobil. Ein sehr kleinlauter Kidnapper sah ihnen entgegen. Fachmännisch gefesselt mit bunten Tüchern an einen Stuhl. Sein Mund fest zugebunden - mit einem schwarzen Wollschal.

Die Kinder schwärmten von dem lieben Onkel aus ihrer Heimat, der ihnen lustige Spiele versprochen hatte. Aber nur, wenn sie ganz, ganz leise wären und nicht nach der Mama weinen würden. Später dürften sie zusammen in ihre wunderschöne Heimat fahren und die Eltern und den Bruder dort treffen. Und so waren die Zwillinge sehr brav, ließen sich von dem netten Onkel Ali mit Süßigkeiten aus ihrer Heimat füttern und spannende Geschichten erzählen. Von Königen und Prinzessinnen. Dabei sind sie eingeschlafen. Nach der unruhigen Nacht waren sie plötzlich

schrecklich müde. Sie haben beide fast dasselbe geträumt: Von ihrer Heimat und dem wunderschönen Garten der Großeltern. Dort haben sie zusammen gesungen. Von Dekicas lautem Bellen sind sie aufgewacht. Vor Schreck haben sie sich unter der Decke versteckt, weil da noch ein Onkel war und beide draußen so doll geschimpft haben. Danach mussten sie ihre alten Kinderlieder dem netten Ali-Onkel vorsingen. Leise natürlich. Schließlich sang er leise mit, und die Prinzessinnen hatten eine große Lust, in dem etwas engen Wohnmobil dazu wie Elfen zu tanzen. Akane fand ein paar bunte Tücher, die sie um ihre Körper schlangen oder herumschwenkten. Onkel Ali sollte unbedingt mitmachen. Keine Widerrede! Lustig fand er diese gemeinsamen Tanzspiele aber nur am Anfang. Denn die munteren Mädchen wickelten ihn im wahrsten Sinn des Wortes einfach ein mit ihrem unwiderstehlichen Charme. Dabei hat Akane etwas Festes in seiner Jacke gefühlt und es mit ihren flinken Fingerchen herausgezogen. So fix konnte der entsetzte Onkel gar nicht gucken. Seine PISTOLE!! Sehr, sehr böse ist er geworden. Weil die Mädchen nix besseres zu tun hatten, als damit nach draußen zu klettern. Wie schade! Sie schafften es beide nicht, damit zu schießen. Kein noch so kleines `*Peng-Peng*´!
Egal, wie sehr sie sich abmühten. Absolute Fehlanzeige!

„War das Ding nicht mal geladen!“, stöhnt Sophie neben mir. „Und ich Dussel hatte Puddingknie. Wozu eigentlich?“

Allgemeines Aufatmen. (*Aber was, wenn das Teil doch funktioniert hätte? Nicht auszudenken!!!)*

Das war für Ali-Onkel allerdings dann kein bisschen mehr lustig. Was die fröhlichen, ungewollt so kreativen

Zwillinge kaum verstehen konnten. Warum brüllte der liebe Onkel sie plötzlich zornig an und zerrte wütend an den schönen bunten Tüchern herum, als jemand die Tür von außen aufriss?

Leider konnte auf die Art nur der eine Entführer verhaftet werden. Der stellte sich zunächst dümmer als dumm. Nix verstehen. Nix Deutsch. Diese hübschen Zwillings-Kinder? Von Familie in Afghanistan. Er nur lieber Ali-Onkel …

Und weiter so ′n Gelaber. Jedenfalls hat der `liebe′ Onkel Ali die Kleinen gut behandelt, was ihm einige Pluspunkte einbringen wird beim Gericht. Wo der zweite Mann ist? Wer seine Auftraggeber sind? Oh, pardon, nix Ahnung, sorry! Nix wissen, nix verstehen …

Jetzt fällt jeder aus unserer Runde jedem um den Hals. Doch Familie Bavari kann heute Abend noch nicht befreit aufatmen. Über Nacht sollen die Mädchen im Kripo-Hauptquartier von geschulten Psychologen betreut werden, denn jetzt will keiner mehr auch nur das kleinste Risiko eingehen. Soll die Villa für die nächsten Tage unter Polizeischutz gestellt werden? Der Doktor und Papa wechseln einen Blick. Beide Männer halten das für unnötig.

Noch lange diskutieren wir an diesem Abend weiter. Zum Schlafen sind wir viel zu durcheinander.

„Gegen das hier war unsere Entführung der reine Pipifax“, stellt Ronny fest. Da ging es halt nur um einen lächerlichen kackbraunen Umschlag mit unserem Spiel-Lösegeld.

Werden diese fremden Entführer es bald wieder versuchen? Anders als bei unserer Entführung darf es diesmal auf gar keinen Fall weitere Medienberichte geben. Überhaupt nichts Schriftliches mehr in irgendwelchen Lokalblättchen. Dafür wird Kommissar Weinreich sorgen. Garantiert!

Oh, die arme Sophie!! Wie soll sie dann ihre spannende Geschichte zu Ende schreiben?

Sie tut das übrigens trotzdem. Das ist sie ihrem treuen Freund Dekica doch schuldig. Zur Belohnung bekommen er und Sonny ein besonders dickes Stück von ihrer Lieblings-Fleischwurst. Und unser kleiner Seppel natürlich auch.

Als die Familie Bavari mit uns nach Afrika fliegt, um dort für vier Wochen abzutauchen, schickt Sophie uns Fotos auf WhatsApp: „Dicki, Seppel und Sonny streiten sich um das größte Stück Wurst“, schreibt sie uns dazu. Beim Skypen wünscht sie allen wundervolle Ferien. Seppel schickt ein Extra-Wäff-Wau an seine beiden jungen Herrchen mit.

Sie hebt dazu mit ihrem listigen Sophie-Grinsen beide Daumen - und meint dann zum Schluss noch so nebenbei: „Ach ja, und bitte lasst euch nicht in eurem schönen Haus in Südafrika nochmal …!“

„Entführen?? - Quatsch, Sophie! WIR doch nicht!!“ Und mein Zwilling kreischt: „Kidnäpping? Nicht mit UNS!!“ Dann tönen vier Zwillinge plus dem großen Prinzessinnen-Bruder plus vier Eltern im Chor: „Nie wieder! Nee-nee!! Niiiie wieder Entführung!!!“

Wundert es euch, wenn wir allesamt davon für alle Zeit und Ewigkeit die Nase gestrichen voll haben?

Wegen unserer drei ständig verfressenen Vierbeiner bin ich mir dabei allerdings eher nicht so sicher.

(*Naja, wegen dieser netten Fleischwurst-Männer und so.*)

Vitae G. Thalheim:

Gunhild Thalheim kann sich ein Leben ohne Hunde kaum vorstellen. Erst recht keins ohne ihre vielen Bücher.

In Jena ist sie 1944 geboren, in Hamburg groß geworden, hatte Beruf und Familie im Werra-Meißner-Kreis und am Edersee.

Seit 2007 ist Tirol die Wahlheimat der ehemaligen Grundschullehrerin.

Dieser erste Krimi-Versuch ist ihr 17. `Gundi-Buch´

im Rediroma-Verlag.